以核養綠

——台灣能源新願景——

Go Green with Nuclear

馬英九基金會、長風基金會◎編

目次

序——
以核養綠減碳，為台灣能源找出路

馬英九　馬英九基金會董事長

2016 年 3 月 30 日，我卸任總統一個多月前，跟民進黨總統當選人蔡英文女士在台北賓館會談。談到能源問題時，我提醒她，民進黨 2025 年「非核家園」的目標太樂觀，因為台灣再生能源每年成長極有限，無法取代可以全天候發電的核能；廢核造成缺電，將傷害到台灣的經濟發展與人民生活。

公投否定廢核，蔡政府卻拒絕接受

當時蔡總統認為她的能源顧問是頂尖的，非核家園的目標一定可以達成，對於我的提醒並不重視。一年半之後，2017 年 8 月 15 日，全台灣大停電五小時；2018 年 5 月、6 月間台北市、新北市又發生 24 次跳電。蔡政府終於被迫將停機 600 天的核能二廠二號機恢復運轉，以維持足夠的備轉容量。「沒有核電，就會缺電」的冷酷現實，讓民眾感受深刻。

而 2018 年 11 月結合地方選舉的「以核養綠」公投，以 589 萬票

贊成、401 萬票反對（比數為 6 比 4），同意廢止《電業法》95 條之一「核能發電設備，應於中華民國 104 年以前全部停止運轉」的規定。四座核電廠所在的金山、萬里、恆春、貢寮，地區公投結果大多與全台 6 比 4 相近。台灣最新的民意有力否定了蔡總統「2025 全面廢核」這個脫離現實的能源政策。

新民意如此清楚，蔡政府的回應卻是「不予理會」。即使廢止了《電業法》95 條之一，但經濟部於 2019 年 1 月底所公布新版能源政策中，原先「燃氣 50%、燃煤 30%、再生能源 20%、核能 0%」的能源配比完全沒有改變，而且核一、核二和核三都不延役，核四也不重啟。3 月 4 日，經濟部公布修正的新能源配比，燃氣 50%、綠能 20% 不變、燃煤降為 27%、剩下的 3% 由核能、燃油與抽蓄水力各占 1%，預估 2025 年電價將大漲三成（但國內專家估計將上漲至少 45%）。前後版本都否定「以核養綠」、「核綠並存」的理念。

民進黨長期要求「修正鳥籠公投法」，降低公投門檻；為了「核四公投」，民進黨前主席林義雄千里苦行三次，要求「人民作主」。如今公投門檻降低了，鳥籠打開了，人民作主了，蔡政府卻對人民作主的結果毫不理會。對這種踐踏民意的蠻橫傲慢態度，國人應該嚴厲譴責。

支持核電是主流，能源會議匯聚民意

我不是能源專家，但 2011 年日本福島核災發生後，身為總統，基於維護國家安全的職責，我開始研究能源政策，並在 2013 年與 2015 年先後舉辦「能源之旅」與「節能減碳之旅」，率同行政院長、相關官員與媒體高層，訪問全台灣能源設施、機構與企業，希望社會理性思考我國的能源轉型。不過，後來反核運動被民粹淹沒，無法理性討論，因此我們決定暫時封存即將完工的核四電廠。有些人（如李應元、蘇貞昌、林義雄及部分媒體）到今天都一直誤以為封存就是停建，這是嚴重誤會，因為封存只是暫停運轉，不是停建，必要時還要重新啟動。

多個民調顯示，絕大多數民眾支持核電，反核已不是民意主流，例如，台灣指標民調在 2019 年 2 月底的調查顯示，若為解決缺電問題，有 54.8% 民眾同意重啟核四廠，不同意的則為 33.4%；距離核四廠最近的台北市與新北市，分別有 60.3％ 與 58% 民眾支持核電，是同意比例最高的地區。面對蔡政府踐踏專業、罔顧民意的心態，長風基金會與馬英九基金會在 2019 年 3 月 10 日攜手舉辦民間能源會議，就是要以科學與事實戰勝理盲與濫情，匯聚更多的民意，讓掌權者必須謙卑傾聽。

這場民間能源會議除了由香港城市大學郭位校長從數據來解析全

球能源發展趨勢外，並有「化石能源」、「再生能源」、「核能」等三場專題論壇，深入探討各個能源選項的利弊得失。

以火養綠——五成發電仰賴燃氣風險高

根據經濟部能源局的統計，2017 年我國的火力發電占比由 2016 年的 81.9% 成長為 85.8%，創下十年來新高；在重啟核二廠二號機後，2018 年的火力發電占比才小降為 83.9%。2016 年到 2018 年綠能的占比為 4.83%、4.58%、4.65%，核能是 11.9%、8.3%、10.1%。一如預料，三年來綠能發電量成長困難，一旦核能發電量下降，就必須以火力發電來填補缺口，否則台灣就可能缺電。

蔡英文總統日前呼籲大陸台商把生產基地遷回台灣，以避免受到美國與大陸的貿易戰波及。但無論台商、外商，工商團體最擔心的就是缺電，也都建議政府保留核電，以確保供電安全穩定。儘管蔡總統掛保證「不會缺電」，但事實是，在綠能成長緩慢下，要確保不缺電而且空汙不惡化，政府只好「以火養綠」，將過去作為中載甚至是尖載發電之用的燃氣機組，分擔基載發電任務。我國天然氣幾乎 100% 仰賴進口，除了國際價格波動將衝擊電價外，更大的隱憂是，台灣夏季（6-9 月）燃氣的安全存量僅有 7 天（核能則為一年半），若液化天然氣載運船受「人為因素」阻礙來不了，很快供電就會拉警報，這

是非常嚴重的國安問題，到時蔡總統曾說過的「承受第一波攻擊」還沒開始，情勢就將無比險峻。這也就是為什麼《華爾街日報》早在2015 年 7 月 22 日社論題目就指出廢核是「台灣選擇脆弱」（Taiwan chooses vulnerability）；台北美國商會 2018 年 6 月在《台灣白皮書》中也提醒，蔡政府 50% 發電仰賴天然氣的作法，風險極高，台灣恐難以承受，因此建議政府保留核能發電。台灣的工業總會也多次建議不要廢核，但蔡政府都不予理會。

綠能成長緩慢，離岸風電成本過高

2018 年通過的「反空汙公投」要求「火力發電每年減少 1%」，經濟部後來承諾可執行兩年，2019 年及 2020 年可以各減 1%，總共2%，但若 2021 年還要再減，台灣就將面臨缺電，原因是綠電、核電都無法再額外增加，火力發電也就沒有減少的空間。

2018 年綠能發電占比為 4.65%，如果接下來兩年無法提高 2% 以上，讓火力發電占比得以下降，那我們怎麼相信 2025 年綠能發電可以達到 20% 來取代核能？其實早在 2017 年 6 月，美國彭博新聞社智庫（Bloomberg Intelligence）就指出，這是一個「遙不可及的遐想」（a remote fantasy），因為台灣綠能到時只能提供 9.5% 的電力，不可能到 20%，這與我在任時能源局估計一致。

蔡政府能源政策的大問題，是太早、太快推動廢核及綠能，使得綠能發展無法配合廢核時程。國際上風電、太陽光電等綠能的成本都朝下降趨勢，過度激進的綠能發展政策，將使台灣未來失去享受廉價綠能的機會。

　　為了在短時間內提升綠能占比，經濟部在離岸風電的躉售價格、發電時間與發給執照等環節上對外商大幅讓步，尤其政府在第一階段遴選時提供高額補助離岸風電業者二十年，2018 年簽約的業者，每度電收購價高達新台幣 5.8 元，2019 年稍降為 5.5 元，總計二十年支出經費約達 2 兆台幣。1900 年義和團之亂清廷被迫付給八國聯軍的庚子賠款是 4 億 5 千萬兩白銀，以每兩白銀 1,500 元台幣計算，折合台幣是 6,750 億元，離岸風電二十年的購電支出是庚子賠款的 3 倍！遠高於國際行情，難怪有人批評這是喪權辱國。遴選決標價格的不當，顯示經濟部門專業嚴重不足，將來必定反映到電價的大幅上漲，受害的還是人民。

　　2018 年 12 月，監察院已針對經濟部推動離岸風電法制作業欠周延、躉購費率過高等缺失提出糾正，要求經濟部檢討改進，以維國家權益；民間也有人要求應將第一階段遴選結果廢標，我們應該正視這些聲音。

廢核國大幅減少，核廢料處理已有解方

2011 年日本福島核災後，世界反核聲浪大幅升高，2013 年 3 月台北反核大遊行有 12 萬人。2018 年 3 月 11 日是福島核災七週年，台北反核遊行人數已經不到兩千人，比五年前減少 98%。「以核養綠」公投過關後，反核氛圍更是全面翻轉，只有蔡政府還在把頭埋在沙裡，拒絕面對現實。

日本在核災兩年後，因為大量天然氣進口支出造成鉅額貿易赤字，決定不再廢核，開始恢復 2011 年關閉的 52 個核電機組，已有 10 個恢復運轉，並規劃於 2030 年將核電占比提升到 20% 至 22%。歐洲的比利時、瑞士等國，都已決定大幅延後原先廢核的時程，世界各國的核電機組也持續增加到 450 個。

很明顯地，廢核已經不是世界趨勢，「以核養綠減碳」才是。但面對民意的轉向，世界趨勢的轉變，民進黨政府現在最常講的一句話是「核廢料要放在哪？」這也是一種似是而非的迷思。如果說因為核廢料問題無解就要廢核，那廢核之後，過去 30 年核電廠所累積的核廢料就會自然消失了嗎？當然不是，還是一樣要解決啊！

科技不斷進步，過去無法處理不代表現在仍舊無法處理。以被

指為無法處理的高階核廢料，也就是用過的核燃料來說，國外早有十多國有處理的實例可以參考，不論是室外或室內貯存，安全都不是問題。專家告訴我們，高階核廢料可以再利用，可透過再處理技術，減少其體積至原來的 5%，並可回收其中 90% 可利用的元素，重製為新型燃料繼續使用於發電。另外，若未來第四代核反應器技術發展成熟，還可能把用過的核燃料直接發電。

以核養綠減碳，訂出最佳能源配比

能源轉型並不容易，好的能源必須符合「夠」、「穩」、「廉」、「潔」四個條件。「夠」就是（充分供應）、「穩」就是（供電穩定）、「廉」就是（價格合理）、「潔」就是（排碳很少）。台灣缺乏自有能源，燃煤、石油、天然氣、核能、水力、風力及太陽能等能源，各有其優缺點，我們不該輕言放棄任一選項，應找出最適合台灣現狀的能源配比，當然更要反映最新民意。因此，蔡政府所提出的 2025 非核家園的計畫不切實際，必須調整，「天然氣 50%、燃煤 30%、再生能源 20%，核能 0%」的能源配比也一定要改變。應該讓核一、核二、核三廠延役，核四廠重啟，以保證基載電力充裕，同時持續發展綠能並減碳，降低汙染，讓民眾安心，不使國家的產業發展受到影響。

2017 年底我在中華民國核能學會年會中演講時，曾提出「一綠

（10%）、二核（20%）、三氣（30%）、四煤（40%）」的配比建議，可供各界討論參考。參加 3 月 10 日民間能源會議的專家學者及民眾，也提出許多具體建議及構想，我們希望能為台灣找出最適當的能源配比，擘劃充分、穩定、潔淨及可行的電力發展藍圖。

為了讓大家寶貴的意見在會後能被保留下來，成為國家未來能源政策的重要參考，我們邀請與會的講者執筆，將當天發表的主題化為深入淺出的文字，集結成書，期望被更多人理解。「以核養綠減碳」，現在的執政者不願做，就讓我們來做！這是我們對台灣能源政策的態度，也是守護環境與能源安全的信念。

馬英九

馬英九董事長致詞

序——
公投結果，不容漠視

2011 年 3 月 11 日，日本東部發生了一場大地震，地震引起的海嘯，不僅造成沿岸居民生命財產的嚴重損失，也摧毀了福島核電廠，導致輻射外洩。這個事件，嚴重衝擊日本的經濟與社會，更影響了世界各國的能源政策。台灣位於西太平洋地震帶之上，國人當然也同樣憂慮核電廠能否禁得起地震及海嘯的衝擊。一時之間，國內反核聲浪高漲，矛頭對準即將完工運轉的龍門電廠，也就是核四電廠。

當時核四廠已經投入兩千多億經費，其一號機即將完工，準備插入燃料棒，但是由於福島事件在國內引發強烈的反核聲浪，立法院遲遲無法通過所需要的最後一部分預算。即使政府公開表示願意接受公民投票的考驗，以確保核能政策具有充分的直接民意基礎，但是民進黨仍然不斷以肢體衝突方式，阻止當時的立法院通過核四公投提案，而使得此一重大政策無法決定。最後，在避免社會繼續內耗的考量下，馬總統不得不決定核四暫時封存，等待將來有缺電危機時再啟用，這是一個令人遺憾的決定。

但是後續的發展，讓台灣的能源問題越加複雜。因為 2016 年政黨輪替之後，執政黨主張 2025 年全面廢核，也就是說，不僅不會啟用暫時封存的核四電廠，而且要將正常運轉的核一、核二、核三電廠逐一除役，完全代之以火力發電與再生能源。這個主張好高騖遠、不切實際，勢必造成限電、缺電及空氣汙染的問題，因此社會各界不斷呼籲，希望執政黨千萬不要為了堅持「2025 非核家園」的意識形態，而倉促廢核。但是蔡政府一意孤行，即便在 2018 年底的公投之中，台灣人民明確表達反對 2025 倉促廢核的作法，執政黨仍然決定硬幹到底，完全不調整其能源政策。

　　蔡政府決定 2025 廢核的時候，向國人保證將不會出現缺電的危機，也不需要調漲電價，更信誓旦旦表示不會讓民眾在空氣汙染跟使用核電之間做選擇。但是不到三年的時間，這些承諾全部跳票。

　　第一，2017 年 8 月 15 日全台無預警大停電五個小時，人民一片恐慌。大家在停電之後才恍然大悟，原來我們的電力供應系統，在不使用核能的情況之下，是這麼不穩定。這個停電事件也迫使蔡政府面對現實，在 2018 年恢復已經藉故停用的核二廠二號機。如果不是核二廠緊急恢復啟動，我們今年還是會出現缺電或分區限電的窘境。

　　第二，在不漲電價方面，原本蔡政府誇口停用核電之後，增加再

生能源的比例，絕對不會調高電價。但是從「絕不調高電價」，到去年偷偷改口說可能會「調高25%」，到上個禮拜公開承認必須「調高35%」，大家心裡都非常清楚，這只是一步一步顯露出來的真相。事實上，根據學者專家的客觀估計，由於蔡政府錯誤的能源政策，我們的電價到了2025年，至少必須調高45%以上。這就是所謂「不調高電價」的承諾，到目前短短兩年多的實際發展情形。

第三，目前最嚴重的是，蔡政府保證增加火力發電並不會造成空氣汙染，然而我們今天所目睹的事實是，提高火力發電使得中南部霧霾不斷，嚴重威脅到民眾的身體健康。原本可以看到遠方中央山脈的嘉南平原，現在經常處於一片霧霾之中。尤其在冬季，中南部空氣品質惡劣，能見度有時候甚至不到幾百公尺。南部的鄉親生活在這樣的環境中，每天出門必須要戴口罩。但是政府除了不斷告誡民眾紫爆日子不要外出，對空氣汙染完全束手無策。我們為什麼要過這樣的生活？我們為什麼要眼睜睜看著人民罹患肺癌、肺腺癌的比例不斷攀升，卻不能對政府大聲要求減少火力發電、讓我們過個有乾淨空氣的生活？其實問題的答案非常清楚：除非讓現在使用中的核一、核二、核三廠繼續運轉，甚至考慮在安檢無虞的前提下啟用核四廠，否則空汙問題不會減緩。不幸的是，蔡政府對這些呼籲一概置之不理，而對三大承諾的跳票，也沒有任何反省。

除了三大承諾跳票之外，目前政府能源政策的另一個大問題就是完全漠視公民投票的結果。2018 年九合一選舉時，民間團體提出多項公投，其中兩項跟能源有關的公投都以絕大多數通過。但是公投之後，政府因應這兩項公投決議的方式卻是「敷衍了事、我行我素」，其踐踏民意的態度令人無法忍受。

　　兩項能源公投的第一項是要求廢除《電業法》第九十五條第一項，也就是俗稱的「以核養綠」公投。《電業法》第九十五條第一項的規定是：「核能發電設備應於中華民國一百十四年以前，全部停止運轉。」當時民進黨政府增加了這個條文，就是要貫徹他們所主張的 2025 廢核政策。但是，過去兩年多來，民眾已經因為全台大停電的震撼，以及空汙嚴重等問題，覺得不應該用這麼倉促的作法，要求 2025 年馬上廢核，所以才會透過公投提案，辛苦完成連署，來表達廢除《電業法》該條文的意向。另外一項公投，則是有鑑於霧霾日益嚴重，因此要求「平均每年至少減少百分之一的火力發電」，這裡主要指的是燃煤發電，而不是天然氣發電，因為民眾再也受不了大量燃煤發電產生的二氧化碳、硫化物，以及 PM2.5。

　　這兩個公投的結果，都是以非常懸殊的比例通過。這代表台灣民眾已經不像福島事件發生時，對核電廠抱持極端恐懼的心情，或甚至寄望於渺不可期的再生能源大幅成長，來解決我們的能源需求。在這

兩個公投案順利過關之後，政府的回應又是如何呢？

第一，蔡政府對於「以核養綠」公投，採取表面敷衍、實際蠻幹的作法。它先宣布《電業法》第九十五條第一項在公投之後一個月內廢除，看起來好像不再要求 2025 廢核了。可是接著從總統府到行政院、從經濟部到能源局，每個機關都公開表示 2025 廢核的目標不變。換句話說，核一、核二、核三仍然不會辦理延役，核四廠也不可能啟動，因此實質上仍然繼續推動沒有《電業法》條文依據的 2025 廢核政策。蔡政府的狡辯是：「反正我已經公告廢除《電業法》相關條文了，所以就算是已經回應了公民投票的結果，但是我還是要執行 2025 廢核，不管有沒有法律依據都一樣。」雖然我們都不是法律專家，也一看就知道這是知法玩法的伎倆。蔡政府只是形式上敷衍了公投的結果，但是實際上踐踏了公投所展現的民意。

對於「反空汙」公投的回應，蔡政府的作法更是粗暴。反空汙公投要求火力發電必須年減至少百分之一。但是政府的回應則是：明年跟後年連續兩年，燃煤發電可以各減百分之一；但是接下來，我就不再減百分之一，因為電會不夠。民間團體質疑說，公投主文並沒有說只減兩年，蔡政府則搬出《公投法》第三十條，說創制複決所決定的公共政策，政府機關有義務在兩年內，不得變更其內容。但是兩年之後，這個拘束力就不再存在，因此該公投自動失效。這個曲解法律條

文的說法一出，各界撻伐不斷，因為本來這個條文的意思是說，無論法律案或公共政策，在公投決定之後，保證至少兩年內，政府不能做任何變更；至於兩年之後，政府如果要更動，就必須經過另外一個公投，或者經過正式修法程序。但是，現在政府的解釋卻變成任何公投最多只有兩年的賞味期，兩年過了之後，公投結果自動失效。

如果用這種方式解釋，去年底所通過的七項公民投票，其他的幾項也當然要比照辦理，其效期一律只有兩年。譬如我們通過了「反對興建深澳電廠」的公投，照政府的解釋，兩年之後深澳電廠就可以開始蓋，不必再經過公投同意或任何法律程序批准。又譬如我們通過了「反對核災食品進口」的公投，按照政府的說法，兩年之後公投自動失效，日本核災地區的食品就可以自動進口，不必民眾同意。哪個政府能夠這樣肆無忌憚曲解法律、踐踏公投？就是現在的蔡政府！

如果法律可以這樣曲解，我們也不禁聯想，即使將來人民提案要把投票年齡下修到十八歲，並且獲得通過，難道政府也要說，下修投票年齡只有兩年有效，第三年就必須自動恢復到二十歲？這不是造成天下大亂嗎？又譬如，獨派人士拼命追求的「以台灣名義加入聯合國」，或「以台灣名義參加奧運」等公投，如果通過之後同樣只有兩年效期，是否兩年之後就自動恢復「中華民國」的名義？還是政府到時候再硬拗說這些公投永遠有效？《公投法》第三十條豈容如此恣意

解讀、選擇性應用！

我們看到如此知法玩法、踐踏民意的政府，心裡感到沉痛萬分。在這樣的背景下，長風基金會與馬英九基金會共同主辦「民間能源會議」，希望大家能夠集思廣益，以更理性、更客觀的分析與建議，來探討我們究竟應該如何制定國家能源政策。另一方面，我們也對於去年公民投票結果，沒有被實質尊重，而只是被政府敷衍應付，表達嚴正的抗議。

本次會議，非常榮幸邀請到香港城市大學校長郭位教授發表主題演講。郭校長為全球核能系統安全的權威，也是福島事件後第一位被日本政府邀請實地考察福島的外國學者。在主題演講之外，我們依序分組討論化石能源、再生能源，以及核能，每個分組都有三位該領域的傑出學者專家發表論文，並開放觀眾提問。最後，我們以圓桌論壇的形式，邀請產業界、媒體界、社運界，以及政界代表，分享他們對台灣能源問題的看法。無論在分組討論或圓桌論壇，都有不少觀眾發表意見，雖然大家的看法未必一致，但討論的態度是開放、誠懇的。總體而言，這是一場重要、及時且成功的研討會，主辦單位要再度感謝所有出席貴賓、工作人員及志工朋友的共襄盛舉。

會議之後，主辦單位決定將所有論文及圓桌論壇的記錄集結成

書，以見證台灣民間力量對能源問題集思廣益的努力。另外，有鑑於核廢料如何處理的問題也是社會大眾關切所在，因此我們又邀請了李敏教授及趙嘉崇教授，針對此一課題撰寫論文，一併收入本書之中，以求討論更加完整。本書得以順利出版，我們要特別感謝聯經出版公司林載爵發行人、陳芝宇總經理、胡金倫總編輯的大力協助，以及蕭旭岑先生、張德厚先生、錢玲岑小姐及謝於純小姐的辛勞。希望大家的付出，有助於全國民眾更加了解台灣能源問題的關鍵所在，並因此號召更多有志之士，為台灣的永續發展、全民健康、民主法治一起努力！

江宜樺

江宜樺董事長致詞

專題篇

全球能源發展

數據解析全球能源發展趨勢

郭 位 香港城市大學校長

八年前日本地震、海嘯，導致福島核電廠事故，再次帶出能源與環保議題。一般人受到譁眾取寵的口舌導引，把高曝光度的風險看得嚴重，反而對擺在眼前影響巨大的事故視而不見。數字會說話，本報告分析能源使用的世界趨勢。作為低碳且可靠的綠能，核電是當今緩解空氣汙染與氣候變遷方案不可或缺的一部分。

能源的發展與環保、國民生計、國家安全緊密相關，對政治與經濟的影響很大。當年，我在清華大學讀書時，教室寢室既沒有冷氣，燈光也很黑暗，卻沒有聽說過能源危機這件事，也沒有環保概念。但是從上世紀 70 年代起，由於石油禁運給世界帶來能源危機，後來接連發生過幾次戰爭、死了不少人。能源危機不完全是供與求的關係，很多時候更摻入政治、宗教、地域因素。有趣的是，近年甚至發現石油產量過剩，能源危機導致石油價格大跌。所以說，能源發展以及與其緊密相關的環保是兩個現代概念。

能源有利弊，核能受詰責

當然，能源歷來是人類日常生活的一部分，包括水，火（煤、油、天然氣），核，風，太陽，生質，及其他（如地熱、潮汐、沼氣……）等七種能源選項的「七彩能源」在功效、安全可靠性、可持續性、環保、資源儲量、經濟承受性、經濟價值等方面各有利弊。不同的國家社會可供取用的資源不盡相同，因此採用七彩能源的組成方式必須量力而為。

1760 年代工業革命之前，傳統樹木類的生質幾乎是唯一可供人類使用的能源。工業革命後，人類開始大量使用燃煤，燃煤快速取代部分傳統生質能源。自 20 世紀開始，石化燃料——主要是煤，以及石油和天然氣——提供過半的能源需求；雖然從 1950 年代起，除了煤、油、天然氣及少數水力之外，已開始有「七彩能源」中的其他能源可供選用，但據《BP 世界能源統計年鑑》（*BP Statistical Review of World Energy*）2018 年 6 月公布的報告，火力（煤、石油、天然氣）至今仍然維持著全球能源消耗（電力及非電力）大比例的地位，約占 85%；生質能源與所有非石化燃料的七彩能源（核，水，風，太陽及其他）分攤約 15% 的能源消耗，其中水力、風力和太陽能等再生能源約占 10%。

那麼，台灣以及全球未來能源發展的趨勢又會如何呢？空談無益，就讓數據來說話吧！以日本這個高度現代化、工業化的國家為例。

從 1988 年以來的三十年裡，日本憑藉其先進的科技和發達的工業，尤其是電子工業產品，原為貿易出超國家，但從 2011 年 3 月福島核事故後，由於需要進口更多天然氣燃料、汽車銷售狀況不佳及亞洲半導體設備需求放緩等種種原因，進口金額遠超過出口金額，變成入超國家。

核災期間，我應邀考察日本福島。由於限電，電梯沒電、部分地鐵停運，後來由於全面限制核電，增加火力發電，東京甚至出現霧霾。

2011 年 3 月 11 日，日本發生大地震，隨之引發海嘯。海嘯原本不會給核電廠造成破壞；核燃料停止發生反應後仍需要很長一段時間冷卻，不幸的是，放在地底下的備用發電設備卻被海水淹沒了。日本是一個嚴謹、實事求是的國家；可是不說不知道，核事故發生後人們翻開福島核電廠的歷史，發現福島核電廠在事發前「劣跡斑斑」。由於「近親繁殖」（in-breeding）、監管不力的關係，東電曾經多次「隱瞞安全問題」，而且已經有四十年運轉歷史的福島核電廠，設備老化，有些甚至從來沒有被檢驗過。福島核電廠的績效低於全球核電機組的平均表現。這一事件曝露了管理的缺點，希望我們的社會能夠記取沉重教訓，彌補這一漏洞。

不幸罹難的福島民眾，雖然不是因為核災而死亡，但輿論關注的焦點，反而多集中在核事故上。其實，許多因地震海嘯而造成的核電災害與以訛傳訛的小道消息完全相反。2011 年，福島地區因地震、海嘯而死亡者近兩萬人，原因有多種，不一一列舉；核電事故雖然造

成環境破壞，但是聯合國 2017 年的正式報告指出，並無人因核輻射而死亡（日本政府於 2018 年 9 月公開證實，有一名電廠工人因核輻射而死亡）。核電被貼上聳人聽聞的標籤，有些不明就裡的八卦政府「杯弓蛇影」自己嚇自己。

這就讓我們想起 1979 年 3 月 28 日美國三哩島的核電廠事故。福島和三哩島這兩起事故有許多相似之處，其中之一就是，兩件事情都發生在半夜，而且都涉及到人為因素，所以說半夜是人最不可靠的時候。

風險有大小，空汙最堪虞

中國宋代有位僧人釋志南，以一首膾炙人口的七絕載入詩史：

古木陰中繫短篷，杖藜扶我過橋東。
沾衣欲濕杏花雨，吹面不寒楊柳風。

生活中遇到風風雨雨，多少是濕不沾衣、絲絲細雨般的「杏花雨」？福島事故是刺骨寒風，抑或是拂面不覺寒的楊柳風呢？我用四個部分來說明，第一部分是跟大家分析什麼是「楊柳風」，它跟我們的環境汙染又有什麼關係；第二部分是分析「七彩能源」跟楊柳風的關係；第三部分來看看包括核能在內的七彩能源的電價；最後則是我

的建議。

　　我在香港城市大學工作，城大不僅是香港第一所正式在台灣招生的大學，也去全球招收優秀學生。但是，最近有些女同事明確表示不願意去印度出差，覺得印度不安全，尤其當看到新聞中有關印度婦女的遭遇後。過去幾年裡，世界各地發生了數不勝數的恐怖事件，其中包括 2017 年 4 月阿富汗的炸彈爆炸，250 多名軍人死亡；同年 11 月埃及有人在禱告時遭到炸彈攻擊，死了 305 人；2018 年阿爾及利亞飛機被人放置炸彈，死了 257 人。這些都是弱者的行為。綜合所有恐怖事件，發現大部分發生在歐洲和中東，南美洲很少，亞洲同樣也不多。這些暴力行為無疑只能歸入寒風，而絕不是舞動柳枝的微風。

　　除了上面列舉的恐怖事件外，我們這個世界上還常發生一些不明就裡的非暴力事故。2014 年發生多起飛行事故，最突出的是 3 月 8 日馬航 MH370 班機在南印度洋上空神秘失蹤的事件，至今不知確切的墜機地點和真正的出事原因，實在不可思議。同年 7 月 17 日，馬航 MH17 號班機在飛越俄羅斯邊界的烏克蘭領空時被導彈擊中墜毀。

　　2014 年是恐怖襲擊較頻繁的一年，估計因此死亡的人數達 2 萬 5 千人。有些人認為 2 萬 5 千人死亡的數字很大，但是大家也許不知道每年全球因為謀殺事件而死亡的人數有 40 萬人，而每年自殺身亡人數有近 80 萬人！其中多數是男性。此外，這個世界上每年有 125 萬人因為車禍死亡。僅台灣一地，每年就有 3 千人因車禍死亡；而在美國，每年有 8 千多人因槍械維護不當而死亡。所以把這些數字攤開

來看，我們發現恐怖襲擊沒有謀殺厲害，謀殺沒有自殺厲害，而自殺又沒有車禍厲害。但是，我們知不知道環境汙染對人員的傷害有多大呢？

　　如果按照能源每年對人造成的傷亡影響，給生活帶來的不便，以及對我們生命構成的威脅來比較，每年恐怖襲擊帶來的傷亡好像是山寒風，小巫見大巫了。更何況，恐怖襲擊通常是有跡可循的，而能源產生的問題跟個人不一定有特別的因果關係，就因為無論我們居住在地球上的哪個地方，大家都生活在「一條船上」。環境對我們的影響不分男女老少，往往是不分青紅皂白。例如，世界上生活在貧困地區的 20 多億民眾沒法享受到能源帶來的種種好處，卻必須共同承受氣候暖化、環境汙染對地球造成的後果。

再生能源資源少、飄忽不穩定

　　台灣缺乏自然資源，97% 以上的能源依賴進口，自產的能源勉強不到 3%，其中包括核能之外的綠能、水力等等。

　　在能源分配上，世界先進國家平均電能占 70%，非電能占 30%；而台灣目前做不到這一點，電能、非電能大約各占 50%。在此，我們暫時選用比較樂觀的 30% 與 70% 的比例來做分析。電能容易理解，非電能指的是飛機、汽車、餐飲業、農業等的能源消耗（絕大部分用的是石油、天然氣和燃煤）。一般人講能源分配時，往往把這兩種混

淆在一起，其實電能只是其中的一部分，只不過是重要的一部分。

在台灣，在電能和非電能消耗中，石油、天然氣及燃煤的消耗共占85%以上，其中火力發電占56%。核能約占所有能源消耗的9.46%，水力則占1.05%，太陽能占2.95%，風力占0.61%，生質在台灣基本沒有。

台灣早期非常依賴燃煤，我們小時候煮食燒水都用煤球，煤球也是非電能火力能源消耗的主要來源。許多城市都以燃煤起家，而且很多礦工家屬都是因患肺病去世。如果我們對早期的能源做一個分析，至少95%都不是再生能源。再生能源大部分指的是一次性能源，風力、水力、太陽能和生質，加起來少於5%；其餘的95%以上跟火力相關，或者是核能。如此超高比例的石化能源消耗世上少見，以致台灣二氧化碳及二氧化硫的人均排放量在世界上均排名很高。再生能源靠天吃飯，持續性低，可靠性也低，難以當作基載電力，充其量僅能作為石化或核電的補助能源。維持電力供應的穩定，基載能源主要依靠火力和核電。

空汙趨嚴重，火力發電罪魁禍首

我們需要明白，所有能源都有汙染，包括核能和各種再生能源，其中主要的是二氧化碳、二氧化硫和PM2.5。七彩能源對環境汙染影響的唯一區別只是汙染程度的不同而已，從「二氧化碳汙染」的角度

衡量，水力、核能和風力造成的汙染最低；從「PM2.5 汙染」角度看，核能、風力、水力和天然氣造成的汙染最低；而從「二氧化硫汙染」角度看，水力和核能對環境的影響最低。數據可以看出，二氧化碳汙染最嚴重的是火力發電，依次為燃煤、天然氣和石油，生質、風力和太陽能也會產生一定程度的二氧化碳汙染。我們這裡指的汙染是從能源開採、製造、運輸到使用、後續處理等整個生命週期內產生的汙染。

　　二氧化硫汙染較嚴重的是石油、燃煤和太陽能。二氧化硫汙染曾經在歷史上導致多次危機，最有名的發生在 1952 年的倫敦。那幾天天氣陰涼、無風、無雨、潮濕，各種工廠散發出二氧化硫，跟潮濕的水分結合，變成酸雨。因為下酸雨的關係，整個星期死了 4 千多人。這是歷史上有名的倫敦酸雨。類似的事件歷史上發生過好多次，其中一次在洛杉磯，發生在 1970 年代。最近一次發生在四年前韓國的首爾。那一天下的酸雨據查有橘子那麼酸，很多人因此被送往醫院治療。日本也發生過酸雨，造成很大影響。雖然台灣風很大，發生酸雨的機率不高，但是太陽能產生的二氧化硫對環境汙染的影響也不容小覷。生質能源造成的 PM2.5 汙染最嚴重，甚至比燃煤還要高。比如說烤肉，用木柴烤肉是造成 PM2.5 汙染的最大原因。太陽能產生的 PM2.5 汙染對環境也有影響。

　　2013 年 5 月 7 日，應馬英九先生邀請到台北總統府演講。我當時就說，根據美國太空總署（NASA）氣候科學家 Kharecha 和 Hansen 的估算公式，我首次推算出台灣由於核一、核二及核三廠取代相當的

火力發電，已經減少空汙危害，拯救了至少 6 千條若採用燃煤而死亡的台灣人命。Hansen 則更進一步認定，核電是目前緩和全球暖化唯一可行的方式。Hansen 獲頒今年的唐獎（即表彰包括永續發展、生技醫藥、漢學、以及法治等四大領域的獎項）。

台大公衛學院 2016 年對包括火力發電及其他能源消耗造成的空汙報告（*Formosan J Med, 2016, Vol.20, No.4*），指出台灣每年有 6 千至 1 萬人死於空氣汙染。所有能源，包括汽機車、非電力能源消耗、飛航器、工業汙染、火力發電、沙塵暴、煉鋼廠、建築、動物排泄物……，都是導致空氣汙染的亂源。考量核電占台灣電力的比例、電力占全體能源消耗的比例、經濟成長所引發的能源消耗、火力發電產生的空汙在整體能源消耗中的比重、化工廠對空氣的汙染等因素，此研究印證了我之前的推算。

近年台灣罹患肺癌的人數躍升為癌症之首，還有許多心血管等方面的疾病，與空汙脫不了關係。火力發電也對全球人類健康造成嚴重影響（圖 1）。世界衛生組織 2018 年 5 月 2 日公布的數據顯示，每年因室內外空氣汙染造成的死亡人數高達 700 萬，受害最深的是清潔燃料和技術不足的地區，而 70% 以上與空氣汙染有關的死亡發生在東亞和南亞。台灣是 PM2.5 的製造者，而不只是受害者。

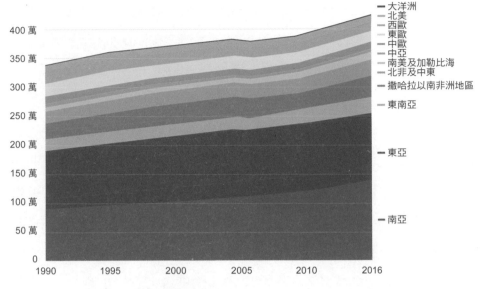

▲ 圖 1　全球環境（室外）空汙死亡人數（1990 ～ 2016）
資料來源：https://bit.ly/2VwcnoZ

「綠色家園」口號誤導大眾

　　至此，我們應該已知道什麼是綠能。所謂綠能，簡單地說應該是乾淨、汙染少的能源。按照這個標準劃分，核能、水力、風力就屬於綠能，它們產生的二氧化碳、二氧化硫和 PM2.5 汙染最少。太陽能則勉強算是綠能。這些綠能頂多占台灣全部能源的 14%。如果大家不想要核能，水、太陽、風只剩下大約 5%。所以說，如果我們想要一個非核家園，目前只有區區 5% 的綠能可供使用。

　　下方是一個最樂觀的估計，台灣的非核家園會有一個什麼樣的前

景？這個樂觀估計其實是不怎麼實際的。假設台灣未來的火力能源可以達到 80%，非火力非核能達到 20%（當然，按照上面所說的情況，這是達不到的）。但是即便如此，還是會有問題。為什麼呢？

眾所周知，能源的消耗與經濟成長成正比。如果我們的經濟每年增加 2%，六至十年內，累積增長會達到 15% 到 20%，能源消耗的成長也會增加 15% 到 20%。今天很多人口中說的綠能，其實是指非核及非火力的再生能源，也就是水力、太陽能、風力及生質能源。但是台灣的再生能源是固定的，即使有增長也十分有限。由於經濟成長的關係，再生能源的占比會自動降低到 17%。如果說我們的再生能源占 10%（比較可能的腳本），六至十年間就會自動降低到 7%。換句話說，台灣的社會受限於自然、地理環境，不可能多生產風力、水力、太陽能或者生質能源。何況並非所有再生能源都是乾淨的綠能。

發電成本憑數據，棄核非潮流

另外，我們對地球暖化有些不夠重視，低估了它對我們的影響。其實，台灣對全球暖化也要負點責任，如果我們的汙染值比較高，對地球產生的影響也比較大，同時也已受到氣候暖化的影響。例如，台東有些公路時而出現又消失，甚至有決定乾脆不再修復，就因為氣溫變暖、海平面上升，再修也沒用。而台灣西部，原來有些魚塭可以養魚，而今由於海水經常倒灌並不理想。全球暖化好像表面上只影響和

危害一部分世人，台灣社會並不重視這個問題。能源本來應該是造福人類生活的，然而遇到如此現實的生活問題，卻沒有人在意。

接下來談談七彩能源與電價的問題。我在報告中不常談這個問題，因為電費是一件非常複雜的事。大多數情況下，人云亦云，各種意見眾說紛紜，不論你怎麼講，都有人反駁，爭議不休沒有意義。

電費估算的方法很多，這裡介紹的是一種比較權威的估算法。我也假設政府不會耍手段干擾電價。

它是把固定的營運成本（fixed O&M）、包括燃料在內的變動成本（variable O&M, including fuel）、均化設廠成本（levelized capital cost）和輸電投資（transmission investment）都計算在內而算出來的均化發電成本（levelized cost of electricity）（圖2）。風力、離岸風力、太陽能、光伏電、水力等能源是不可調度的發電技術，而傳統的燃煤、天然氣、核能、地熱與生質則屬於可調度發電技術。按照圖2顯示，離岸風電的成本至少是核電的一倍。如果用離岸風電來取代核電，就像用2元的發電成本來取代1元的成本，不需要火箭科學家的高智商，也不需要做什麼模擬推算，只是根據這張圖表的發電成本數字也會知道電價一定會上漲。這張圖表其實沒有講到一件大事，那就是壽命的因素。風電的壽命低於二十年，只有核電廠壽命的一半不到，對於電價的影響更有不利的加乘作用。

今年剛好是十大建設之一的核一廠四十週年紀念。嬰兒潮世代的人，都該感謝十大建設給我們帶來的福利。十大建設的第一貢獻就是

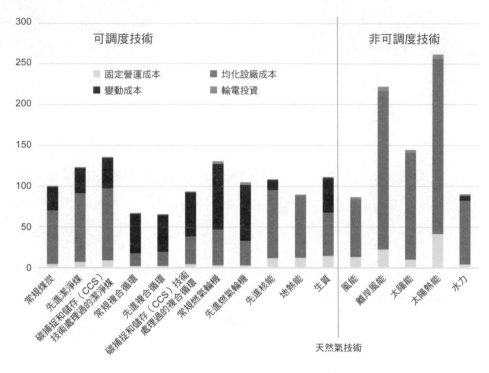

▲圖2 估算 2018 年新發電技術的均化成本（2011 $/MWh）

資料來源：https://bit.ly/2OXRwZd

核電。自從第一座商用核電廠於 1950 年代在英國和前蘇聯奧布寧克（Obninsk）運轉以來已經有六十多年了，目前世界上共有 448 個核機組。2011 年日本福島核事故後，數量略有減少，但截至 2017 年底，核機組的數量達到歷史上的最多（圖 3）。人類只要生活在世上，都得益於核電，這一點無人可以否認。我們從一個電力不夠的年代過渡到電力充足、生活富裕的現代人，離不開核電的貢獻。

目前，核電廠成長最快的地區是亞洲。根據國際原子能總署

（IAEA）2017 年 8 月的資料，目前全球有 61 座建造中的核電機組。
預估未來八到十年間將再有 172 座核電機組在 26 個國家建造，而未
來的十五年將有 313 座核電機組在 38 個國家建造。值得注意的是，
全球最大的石油出口國——沙烏地阿拉伯，除了增加太陽能發電外，
計畫在 2031 年前興建 16 座核電機組，以取代相當數量的石化燃料。
可以肯定地說，去核電不是世界潮流！

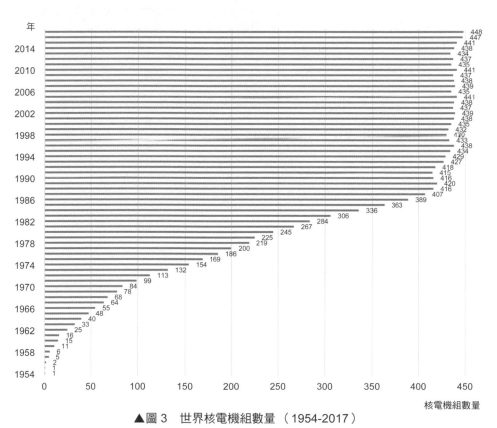

▲圖 3　世界核電機組數量（1954-2017）

資料來源：https://www.statista.com/statistics/263945/number-of-nuclear-power-plants-worldwide/#0

能源選擇重客觀

據 2019 年 2 月 27 日《麻省理工科技評論》公布的 2019 年十大突破性技術之一，「核能新浪潮」（New-wave nuclear power） 排在第二，僅次於靈巧機器人（Robot Dexterity）。其中包括新的核電廠、不以鈾為燃料而以釷為燃料的核電廠、先進的核聚變和核裂變反應堆。文章預期，「新型核裂變反應堆到 2020 年代中期有望實現大規模應用；核聚變反應堆仍需至少十年時間」。

另外，比爾蓋茲數年前還提出過建造移動核電機組。與此同時，中國大陸、歐盟、印度、日本、韓國、俄羅斯和美國都在進行一項名為「國際熱核聚變實驗堆（ITER）計畫」。這項計畫相當於建造一個大規模的「人造太陽」，預計 2007 年至 2025 年為建造階段，2050 年前後實現核聚變能商業應用。

我們再來看看世界電力生產的分布。水力發電占的比例很高，僅次於燃煤和天然氣，雖然台灣的水力發電占比甚小。據國際能源署報導，清潔能源將主導世界能源需求的增長，世界一次能源消費結構將趨向清潔、低碳和多元化。從未來世界能源的分布來說，火力漸漸減少。我們必須從 360 度角度全方位地考慮能源，考慮能源的供需、價錢、維修，還有可靠度和可持續性。從全球角度看，一個比較理想的能源環境是燃煤 20%、天然氣 30%、石油 15%、核電 15%，及風力、水力、太陽能及生質等共占 20%。可是這樣的比例，各國家地區要依

個別狀況調整。

由此可以看出世界能源趨勢的端倪。首先，能源的選擇是一個 trade-off，即各種利弊得失之間的「平衡取捨」。我們必須在能源和環保之間取得平衡；除了環保之外，我們要考慮社會經濟福祉，比如說必須使民眾生活變得更好。世界上沒有一個民族是不想使生活變得更好。最後，我們需要能源具有可靠度和可持續性。為此我曾寫了一本科普書《核電關鍵報告》，已被譯成多國語言，能讓世界各國看到如何正確看待可再生能源和核能。2019 年 2 月 27 日發布的《麻省理工科技評論》的結論與這本書的結論完全吻合。

現在世界各地都在推動電動車。電動車的推動卻不得盲目，根據聯合國 2017 年的報告，如果燃煤占比超過七成，推動電動車反而會導致空汙增加。談到這，我們應該已經很清楚地知道燃煤電力雖說便宜，從環境保護的眼光評估：減少燃煤，才是正道！有人擔心核廢料，但到目前為止，世界上還沒有人因為核廢料的關係而死亡的報告。

為什麼我們說科學重要？因為科學根據事實和數據來做結論。許多人反對核電，卻無科學根據。如果核電真的危險不安全，應該用科學驗證的方式研究分析報告，然後送到專業科學期刊經評審後發表。感興趣的各類期刊一定非常多。空談評說容易但無益，驗證困難但靠得住。

我和潘欽教授在月刊 *Joule* 的 2018 年 1 月號上發表的〈A Reliability Look at Energy Development〉（從可靠角度看能源發展），

是由世界頂尖學術期刊發表的系統論述能源的論文，可以作為參考。

　　最後，藉由本文可整理出四點結論。

一、能源是生活的必需品

　　能源處理也是危機處理中重要的一環；能源需求因國情而異，每一個國家、每一個社會都不一樣，不能因為其他人是這樣，台灣就應該這樣。德國廢核，常常晚上停電，台灣做不到；「唐獎」頒給挪威首相，台灣就有人說要學挪威，台灣沒有資格跟挪威比較，因為挪威90% 是水力。不要說我們做不到的事情。如果台灣有 90% 的水力，我們應該反核，但這是不可能的事情，所以我們沒有資格打高空。我們沒有資格不放下心中的雜念，台灣不應該騷包，更沒有資格不借鏡國際上的例子，包括三次能源危機造成的後果，兩次石油價格上漲、一次石油價格崩盤。台灣很小，不會免受國際波動的影響。

二、能源是一個系統問題

　　一個複雜的系統問題。一般來說，配電、輸電、價錢、能源的空間和對環境的破壞，以及後勤等，都是系統的一部分。還有一件很重要的事。很多政府首長都知道 ，政府喜歡玩數字遊戲。數字有兩種，一種是基本盤的數字，一種是實際電價的數字。你可以把電價維持在低價位，然後從其他地方吸收補足；不漲價不是不可能，不漲價或少漲價必須從其他方面偷偷補貼。電價這裡不漲那裡漲，但窮人為什麼

要付出高電價？不贊成高電價的人為什麼要陪著補貼電費？能源收費，嚴格來說，應該是喜歡什麼能源，付什麼費用；可以有一些緩衝。愛用水電，就用水電來收費；喜歡用太陽能，就依太陽能來收費。國家的電和電費應該由供需來提供、調節和決定。

三、能源的分配是時間的函數

　　五十年以後會怎麼樣，我不知道，但是不管自身的條件馬上廢核並不實際。我們用的電力和能源，早晚不一樣，春夏秋冬不一樣，不同年代也不一樣。我們小時候是燒煤球的，教室裡電風扇都沒有，室內哪有現在這麼明亮，並供應冷暖氣。除此之外，新能源研發需要時間，傳統能源的使用有限制，使用什麼能源是一個 trade-off。芬蘭是一個美麗的國度，而且是快樂指數最高的地方，而芬蘭把發展核電當作第一優先。目前核能生產的電力占全國用電總量的 30%，計劃增加到 55%。當然，我們也沒有必要學芬蘭。再說日本，為什麼在廢核之後又有六個核電站恢復啟動？因為日本自知缺乏資源，沒有拒絕核電的資格和本錢。韓國又是一個例子，總統競選時固然反核，選上後意識到自己錯了。其實，人都會犯錯，但不能天天犯錯。歸根結底，台灣沒有條件談廢核。不是要推廣核電，而是要理解核電是台灣能源發展中必要的一部分，至少今天不能拒之門外。

四、我引用劉鶚《老殘遊記》中一句名言結尾

這句話表述了台灣社會的氛圍、道出現實生活中許多實際例子：「大凡肚子裡，發話有兩個所在：一個是從丹田底下出來的，那是自己的話；一個是從喉嚨底下出來的，那是應酬的話。」

丹田底下發出來的話才是真心話。我以數據說話，從丹田發話做今天的報告，讓我們都講真心話吧！

（編按：本文根據 2019 年 3 月 10 日台灣民間能源會議上的演講整理而成）

第一章

化石能源
從空汙、暖化到減碳

火電——
空汙與暖化的迷思

陳立誠　前吉興工程顧問公司董事長、台灣能源部落格版主

蔡政府的能源政策

　　台灣能源有三大災區，一為核電（非核家園政策），二為綠電（離岸風電政策），三為火電（降煤升氣政策）。本文主要討論第三災區，即「火力發電」。

　　蔡政府能源政策有兩大目標，一為非核家園，二為減碳抗暖。為達成此二目標，所使用的政策手段有兩種，一為以綠電取代核電，二為以氣電取代煤電。具體數字為在 2025 年，每年增加無碳綠電 400 億度，以取代現有六部核電機組每年可發之 400 億度無碳電力。此外在 2025 年達到綠電占比 20%，煤電占比 30%，氣電占比 50% 之電力配比目標。2025 年若將煤電占比降為 30%，相當於約 500 億度煤電將由氣電取代。

　　依過去數年資料，每度綠電較核電高出 4 元，每度氣電較煤電高出 2 元，故增加 400 億度綠電取代核電，每年發電成本增加 1,600 億元。增加 500 億度氣電取代煤電，每年發電成本增加 1,000 億元。兩者相加，每年發電成本增加 2,600 億元。以全台 860 萬戶家庭計算，六年後，

每家多負擔 3 萬元發電成本。反對煤電之兩大原因，一為空氣汙染，二為全球暖化，兩者均基於錯誤認知，分別解釋如下。

對空汙的誤解

近年核電缺口並非由煤電補足

社會上對煤電造成空汙有兩大誤解，第一，許多人以為近年核電機組因政治介入無法發電的電力缺口是由煤電補足。第二，煤電是造成空汙的主因。因為這兩個誤解，社會上某些人士將近年空汙增加（另一誤解，本文將澄清）歸罪於綠營反核政策所造成，在 2018 年大選時提出降火電及反煤電共兩項公投。但近年核電減少是由煤電補上嗎？

2014 年，核電六部機都正常運轉時，核電發電超過 400 億度，與 2014 年相較，2015 年約下降 50 億度，2016 年約下降 100 億度，2017 年約下降 200 億度。2014 年燃氣發電 709 億度，與 2014 年相較，2015 年增加 60 億度，2016 年增加約 100 億度，2017 年增加約 180 億度。反觀煤電，2014 到 2016 年共三年間發電持平，均未超過 900 億度，2017 年因有新燃煤機組完工，發電增加 50 億度。

由以上數據可明顯看出，四年來核電減少的發電量均由氣電補足，並未由煤電補上。理由也極為簡單，因為煤電為基載機組，除大修外，原本就 24 小時全力發電。核電減少後，也沒有餘力發 25 小時

的電。反觀氣電，原本就是作為中尖載機組，每天只發十餘小時的電，在核電減少後，當然由氣電補上。所謂降核後的電力缺口乃由煤電補上造成空汙增加，根本就是一個極大的誤解。

近年空汙有增加嗎？

環保署實測數據，這幾年台中市、彰化縣及南投縣空氣中 PM2.5 監測值年年下降。但為何一般民眾以為過去幾年 PM2.5 年年增加？理由也非常簡單。2015 年初，大陸前央視記者拍了一部紀錄片《穹頂之下》，討論因 PM2.5 造成民眾健康的危害。該片在台灣迅速走紅，PM2.5 立刻成為台灣民眾及新聞界朗朗上口的新名詞，從此燃煤發電成為眾矢之的。

台中電廠並非中部空汙主因

台中民眾常聲稱十年、二十年前，台中空氣乾淨，近幾年空汙變嚴重（一大誤解）是因為台中電廠之故。但台中電廠共十部機，一至八號機在 1998 年前完工，完工超過二十年，九及十號兩部機也在 2007 年前完工，距今也有十年以上，如果台中近年空氣變差，又豈能怪罪台中電廠？由年度檢視可知台中電廠並非台中空汙主因。

由每月空汙亦可得到同樣的結論。大家都知道台灣空汙最嚴重是秋冬季節，夏天空氣相對乾淨。但台灣用電在夏天，夏天是台灣用電尖峰期，台中電廠在夏季幾個月是全天 24 小時火力全開，反而是空

汙最少的季節。台中火力機組在其他三季輪流歲修，發電量大減。但在台中電廠歲修月份，反而是汙染最嚴重的月份。所以由每年空汙嚴重月份與電廠出力最大月份正好錯開，也可証明台中空汙並非台中電廠所造成。

台中電廠對中部空汙貢獻究竟多大？

　　下圖（圖1-1）為台電採用美國環保電腦程式模擬中部燃煤鍋爐在1月、2月、5月及12月四個月對中部五個鄉鎮的空汙占比。圖中灰色

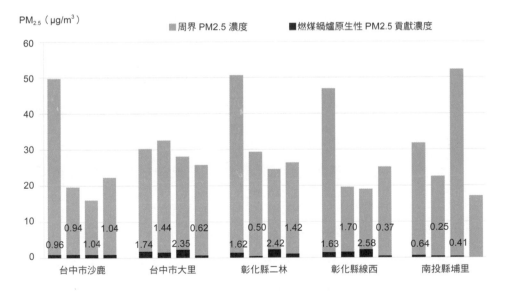

▲ 圖 1-1　台中地區燃煤鍋爐貢獻濃度統計
資源來源：台灣電力公司

柱為 PM2.5 總值，黑色部分為燃煤鍋爐所排放的 PM2.5，由此圖顯示台中電廠對中部地區 PM2.5 貢獻極為有限。

　　環保署曾模擬台中電廠降載對中部地區各鄉鎮空汙改善的效果。台中電廠共十部機，每部機裝置容量 550MW（55 萬瓩）。電腦模擬台中電廠降載 180MW、1,100MW（兩部機）及 2,200MW（四部機）時空汙改善的情形。依環保署模擬，即使台中電廠十部機中有四部機停止運轉，各鄉鎮空汙改善約 1%。

空汙主因為何？

　　究竟，台灣冬天空汙嚴重主因為何？煤電占比多少呢？台中電廠 PM2.5 貢獻有許多不同模擬，不同大氣型態影響頗大。但對空汙最嚴重的冬季而言，PM2.5 來源平均境外占四成，車輛占三成，工業占三成。工業包括化工、鋼鐵、水泥、發電等，電力占工業排放一成，所以電力占冬天 PM2.5 的 3%。難怪即使將台中電廠十部中的四部機停止運轉，空汙也只降低 1%。

　　由於許多民眾誤解燃煤發電是空汙主因，2018 年「停止新建及擴建任何燃煤發電廠或發電機組」公投竟然通過，這對台灣電力配比造成強烈衝擊，直接衝擊就是電價。落實蔡政府將煤電占比降為 30%，氣電降比提升為 50% 的政策，每年對發電成本的衝擊將在 500 億到 1,000 億元之間（視國際燃料價格而定），每個家庭負擔的發電成本增加約 1 萬元。

日本民眾知道燃煤空汙有限，可以由裝置空氣汙染防制設備（AQCS, Air Quality Control System）大幅降低，日本人民並不反對燃煤發電。在這種較理性的社會背景下，日本各電力公司規劃在 2015 至 2030 的十五年間，加建四十五部大型燃煤機組。近年則在東京周遭加建五部燃煤機組。

台灣燃煤電廠也都裝置有先進之空氣汙染防制設計，但人民依舊反煤。台灣何時才能脫離反核反煤自我傷害的理盲社會呢？

對暖化的誤解

暖化有共識？

全球暖化其實可分為兩個層面討論。第一個層面是有共識部分，第二個層面是無共識部分。先談有共識部分，下列這兩個議題全球學術界有高度共識，一為「全球溫度是否上升？」二為「大氣中二氧化碳濃度增加是否為暖化原因之一？」因為過去百年來，地球溫度上升及二氧化碳會吸收地球輻射之紅外線而造成暖化，皆有科學根據。

但對以下兩個議題，學術界爭議就很大。第一個是「未來全球溫度上升速度多快？」第二個則是「全球暖化造成的損害有多大？」但這兩個議題才是人類真正應該關心的議題。試想，即使全球暖化為真，但未來暖化速度快慢及造成的損害大小，才是民眾真正關心，也是政府制定能源及氣候政策時要深入了解的議題。

試想，即使全球暖化是事實，但如果未來暖化速度很慢，暖化造成的損失也不大，人類就大可不必窮緊張，各國政府也大可不必急著推動對人民福祉造成重大影響的減碳政策。

檢討全球溫升

　　由1880年到2000年間的全球溫度紀錄可知道，這一百二十年間，前三十年全球降溫，第二個三十年全球升溫，第三個三十年全球又降溫，最後三十年全球又升溫。

　　但這一百二十年間人類使用化石燃料日益增加，大氣中二氧化碳濃度也持續增加，如果二氧化碳是造成暖化的主要原因，則這一百二十年溫度也應持續增加，不應有忽升忽降的現象，顯然全球溫度變化有除了二氧化碳以外的因素。由地球過去數百萬年冰河期、溫暖期，未受二氧化碳濃度影響而交互變化，即知地球溫度變化有許多自然發生不受人類活動影響的原因。

　　「全球溫升速度多快」是一個學術界尚無共識的議題。聯合國IPCC（聯合國氣候變遷政府間專家委員會）報告中可看出，二氧化碳濃度加倍後的溫升範圍竟然是1.5℃到4.5℃，為相差三倍的極大範圍，即可證明暖化速度百家爭鳴，學術界並無共識。「百年後全球溫升」這一預測，是依電腦氣候模擬而推估，但電腦模擬是否正確就是一個大哉問。

　　下圖（圖1-2）為聯合國IPCC報告中的附圖，圖中淡色細線為

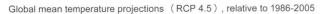

Global mean temperature projections （RCP 4.5）, relative to 1986-2005

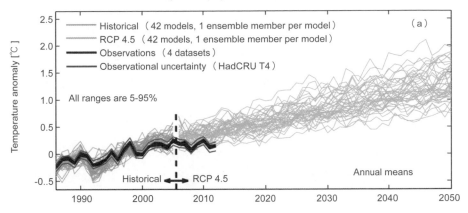

▲ 圖 1-2　電腦模擬溫升與實測溫度之比較

資源來源：Near-term global surface temperature projections in IPCC AR5

四十二個電腦模擬之溫升，最下方黑色粗線為實測溫度。

　　由圖中可明顯看出，絕大多數電腦模擬對未來溫升都極為高估。依過去三十年之模擬值與實測值比較，許多電腦模擬高估溫升不止一倍。但目前聯合國及各國政府制定的能源政策及減碳目標都是依據高估之溫升，但這正是學術界尚無共識的第一個議題。學術界尚無共識的第二個議題是「暖化造成的影響有多大」。針對溫升造成的氣候變遷是極為複雜的議題，聯合國 IPCC（氣候變遷小組）報告中也不敢下定論，但世界媒體充斥誇大的暖化影響報導。

對海平面上升高度的錯誤認知

以海平面上升而言，國內某知名雜誌曾以百年後因溫升造成海水上升圖為封面，顯示水淹 101 大樓及圓山飯店，暗示百年後海平面上升至少數十公尺。

聯合國 IPCC 報告中曾預估在四種情境下，海水上升的數字。報告中指出百年後海水上升約 0.5 公尺，媒體誤導為聯合國預估的數十倍。不幸此類錯誤訊息深入人心，不但影響了大眾，也影響了政府的能源政策。

減碳經濟分析

暖化對經濟造成的影響有多大？全球許多學術界人士雖然也同意全球有暖化，二氧化碳增加是暖化原因之一，全球應該減碳。但許多知名學者對於暖化對人類的影響，最佳減碳及溫升目標的看法與極端暖化威脅論者完全不同。2018 年諾貝爾經濟學獎得主諾德豪斯教授就是代表性人物。

諾德豪斯教授被尊為氣候經濟學之父，發展了一個統合氣候與經濟的電腦模型 DICE，為美國政府作為評估暖化對經濟影響的主要模型。諾氏曾以 DICE 模型評估以不同溫升，及不同溫室氣體濃度作為減碳目標的成本效益分析，並以 DICE 模型分析七種減碳目標與基準情境（ 250 年不減碳）的成本效益分析。

依分析顯示，採納高爾及史登等人建議的減碳目標及途徑，對人

類福祉將造成 15 兆美元及 20 兆美元的負面影響。而「最佳情境」為溫室氣體濃度 700PPM 及溫升 3℃，但不幸巴黎協定以 2℃作為減碳目標，對人類造成的負面影響將近兩兆美元。

目前全球溫室氣體濃度約 500PPM，因人類碳排每年大氣中溫室氣體濃度增加 2PPM，若以 3℃ 及 700PPM 作為減碳目標，人類還有一百年的時間抗暖，暖化根本不是極端威脅論者一再強調極為急迫，是「對人類生存的最大威脅」。

聯合國巴黎協定以 2℃ 及溫室氣體濃度 450PPM 為目標，實際上今日大氣中溫室氣體濃度 500PPM，已超過 450PPM，巴黎協定目標根本無法達到。可嘆許多國家都以巴黎協定為目標規劃減碳，造成對能源政策重大衝擊。

台灣社會多年來深受極端暖化威脅論洗腦，媒體極少介紹不同學者的看法，無怪乎政府會制定極為離譜的能源政策。政府應多了解如諾氏及托爾這些承認暖化，但對減碳目標有不同看法的國際知名學者意見。

昂貴的以氣代煤政策

台灣政府目前減碳抗暖以增加燃氣發電，降低燃煤發電作為最主要手段也是極大錯誤。燃煤發電每度碳排約 0.8 公斤，燃氣發電每度碳排約 0.4 公斤，故以 1 度氣電取代 1 度燃電可減碳 0.4 公斤。過去數年每度氣電成本平均較煤電成本高出 2 元，所以以 2 元成本只能減

碳 0.4 公斤，減碳 1 公斤成本 5 元，減碳 1 噸成本 5,000 元。

　　但在歐盟碳交易市場，碳價每噸 15 歐元（台幣 570 元）。我國溫減法也以每噸碳排成本為 500 元為基準。所以以氣電取代煤電的成本為國際碳價及溫減法碳價之十倍。國際能源專家老早就指出液化天然氣進口國不宜以增加燃氣發電，減少燃煤發電作為減碳手段，因為成本實在太貴。不幸的是，台灣政府正是採用這種在國際上遭否定的方式減碳。經濟部在立法院報告中的電源開發計畫中顯示，2020 年後台灣新增機組中只有燃氣機組及再生能源，台灣已不再興建任何燃煤機組。

全球棄煤電，其實是假象

　　但放棄煤電是否真為全球風潮？媒體不時報導許多國家宣布廢除煤電時程，造成一般民眾誤以為全球各國都放棄煤電，台灣政府規劃不再增建燃煤電廠是順應國際潮流，實際上並非如此。

　　試想，某個國家宣布放棄燃煤發電，必然大肆宣傳，全球媒體也大幅報導。但無意放棄燃煤發電的國家，因為一切照常，並未作任何宣示，國際媒體也從未報導。民眾在媒體上只看到宣傳放棄煤電國家的新聞，從未看到繼續使用煤電國家的新聞，當然誤以為放棄煤電是全球風潮。

　　全球有兩百多國，宣布放棄煤電只有十幾個國家，占比不到 10%。另外放棄煤電國家都是煤電占比低，煤電相對不重要的國家。

如英國有北海油田，氣電早已大量取代煤電，法國核電占比超過70%，挪威水電占比超過90%，瑞典則是水電核電各半，其他棄煤國家莫不如此。

以下國家從未宣布棄煤電：美國、俄國、中國、印度、日本、韓國、印尼、越南、澳洲、南非、波蘭、捷克及全部開發中國家。紐約時報曾報導全球放棄煤電國家總用煤量，占不到全球用量3%。繼續使用煤電國家總用煤量，超過全球用煤量97%。今日台灣煤電占比45%，全球沒有如此依賴煤電，煤電占比如此之高的國家輕率放棄煤電的先例。台灣政府為了減碳抗暖，不顧國家安危的作法也令人嘆為觀止。

國際現勢

許多國人一直以為其他國家也如台灣般的「犧牲小我、拯救地球」，「不顧經濟、只顧減碳」也是極大的誤解。京都議定書簽署標誌了人類開始正視暖化，嚴肅減碳的里程碑。結果如何？自議定書簽署年度到其第一期驗收減碳成果年度，全球碳排增加一倍。議定書除歐洲國家外所規範的六個先進國家：美、俄、日、加、澳、紐，無一達到減碳目標，並全部退出第二期承諾。有道是「聽其言、觀其行」，因受國際壓力，一開始口頭承諾，吹得天花亂墜的國家比比皆是，但鮮克有終。

以台灣近鄰的日、韓兩國為例，大家知道韓國核電占比極高，達30%，但很少人知道其煤電占比更高達45%。日本規劃在2015至

2030 年的十五年間增建四十五部大型燃煤機組。日、韓兩國都簽了巴黎協議，但並沒有像台灣因而限制國內燃煤電廠發展。

能源政策檢討

如本文開頭所述，今日蔡政府「以綠電取代核電」與「以氣電取代煤電」的深層思維都是為了「減碳抗暖」。但國人多年來受極端暖化威脅論所洗腦，對於任何減碳抗暖政策，不論是否合宜，均毫無分辨能力照單全收，全無政策辯論。

世界各國對抗暖減碳都有激烈的政策辯論，辯論重點不是否定全球暖化而是不要走火入魔，採取自我傷害的過激政策。以美國而言，不單拒絕接受京都議定書，多年來許多減碳法案無一在國會通過。台灣是正確暖化知識沙漠，多數媒體危言聳聽，語不驚人死不休，成為國外極端暖化威脅論之傳聲筒，對反對過激言論之質疑全無報導。無怪乎受洗腦的社會對過激的減碳政策毫無辯論。

全球暖化是事實，但人類應在深入考慮利弊得失之後採取最合宜的政策。以台灣而言，最經濟的減碳政策就是核電，以高於核電五倍成本的風電與太陽能作為主要減碳手段，昂貴的以氣代煤政策正展現蔡政府完全不在乎民間疾苦。

台灣人民到底知不知道目前政府的能源政策是基於全球最激進的減碳思維？台灣人民到底知不知道為了對抗全球暖化「救地球」，自

己做出無謂的巨大犧牲？除少數走火入魔歐洲國家外，全球其他地區無一國家有在錯誤認知下採取如此「犧牲小我，完成大我」的能源政策。世界其他國家其實並不感激台灣，只把我們當傻瓜凱子。歐洲國家爭先恐後的以高於國際兩倍價格向台灣出售離岸風機，賺取上兆元暴利即為顯例。

全球暖化並非虛假，人類應給予適當的重視。但每年以 2,600 億元代價減碳抗暖，放棄煤電，不但是個鬧劇，也是國家人民的悲劇。蔡政府 2025 年能源配比目標為綠電占比 20%，煤電占比 30%，氣電占比 50%。僅在此提出 2025 年時，另一配比建議：綠電占比 10%，核電占比 20%，氣電占比 30%，煤電占比 40%。與蔡政府配比相較，此一配比每年碳排相同但發電成本可節省 1,800 億元，此建議遠優於蔡政府的配比，更為台灣未來能源供應安全及合理可負擔的電價提供堅實的基礎。

從公投結果看我國能源政策未來

梁啟源　中央大學管理講座教授

政府的能源轉型政策及九合一大選公投案

此次九合一大選，能源政策相關的公投案共有三案獲得通過，包括廢除電業法有關 2025 年廢核的「以核養綠」、每年減少 1% 火力發電及不新建燃煤電廠等；反映國人對於近年缺電及汙染問題的不滿，以及對於政府推動能源轉型政策的疑慮。

根據能源轉型政策規劃（見表 1），2017 至 2025 年間核能占比將由 8.3％ 降為零，再生能源由 4.6％ 提高為 20％，燃煤電力雖由 46.6％ 降為 30％，但燃氣發電則由 34.6％ 提高為 50％，故至 2025 年燃煤及燃氣合計的火力發電比重為 80％，和 2017 年（81.2％）相近，將不符合每年減少 1% 火力發電的公投決議。

除缺電、汙染問題外，筆者在 2013 年也曾預警，能源轉型政策也會造成電價上漲、北部嚴重的區域供電失衡及能源安全問題，從而影響廠商投資意願、經濟成長及就業。實際上這些問題近年已開始逐一浮現，政府宜順應民意，順勢修改能源轉型政策。

表 1　能源轉型政策與電源配比目標

單位：％

能源別	2017 年	2020 年	2025 年
再生能源	4.6	9	20
燃氣發電	34.6	36	50
燃煤發電	46.6	43	30
核能發電	8.3	-	0

資料來源：1. 2017 年電源配比目標資料取自經濟部能源局《能源統計月報：2018 年 10 月份》。2. 2020 年取自經濟部。3. 2025 年取自行政院。

廢核四難題

（一）缺電

　　2016 年立法院杯葛核一的二號機及核二的二號機在大修後重新併聯，核電占比由 2014 年的 16％，降為 2017 年的 8.3％，同時期系統備用容量率也幾近同減八個百分點，由 2014 年的 14.7％，降為 2017 年的 7.1％，遠低於 15％合理備用容量率（參考下頁圖 1-3）。

　　2017 年全年出現 207 個供電吃緊的黃燈，101 個供電警戒的橘燈，3 個停電警戒的紅燈，各種供電吃緊燈號均比 2014 年前大幅成長。2018 年 6 月因核二廠二號機重新運轉，使備轉容量率低於 6％代表供電警戒的橘燈天數降低，但備轉容量率低於 10％代表供電吃緊的黃燈

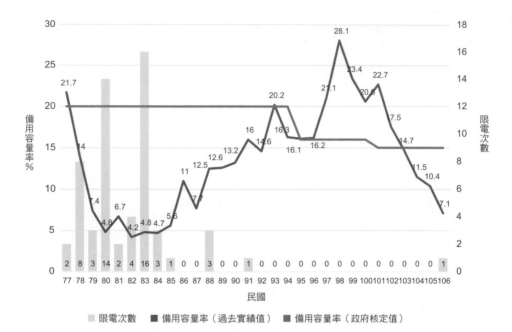

註：1. 備用容量率＝（淨尖峰能力－尖峰負載）／尖峰負載。
　　2. 2012 年經濟部同意備用容量率目標值調降為 15%。
　　3. 2017 年實績備用容量率 9.8%，係考量核二二號機仍計入系統；若不計入核二二號機之供電
　　　 能力，則 2017 年實績備用容量率為 7.1%。

▲ 圖 1-3　備用容量率與限電次數

資料來源：台灣電力股份有限公司

日數依然高，一年仍達 281 天，未來供電壓力仍在。

　　2017 年 8 月 15 日更因電源不足加上供氣問題發生大停電。目前
備用電源不足情況，已接近 1990 至 1996 年間的窘境，當時備用容量
率介於 7.4% 至 4.2% 之間，並總共發生停限電 43 次。

　　政府預期 2019 至 2025 年，備用容量率可提高到法定的 15% 以上，

備轉容量率提高到 10％以上，實立基於政府對 2017 至 2025 年過度樂觀的電力供需的預測。

在電力需求預測方面，係假設 2017 至 2025 年均成長率為 1.37％，但由近兩年實績來看，預測實屬偏低。2018 年實績（尖峰負載）比上年成長 3％，並已接近 2020 年預測值，主要是因電力效率不增反降。

電力效率可以電力密集度（即電力使用量除以國內生產毛額）來衡量，電力密集度越低表示電力效率越高，反之亦真。2007 年至 2015 年，台灣電力密集度年平均成長率為 -1.87％，表示這段期間電力效率每年約改善 1.87％，遠高於 2000 年至 2007 年的 0.51％，主要和同期電價調漲 34％有關。但 2015 年至 2017 年電力密集度降幅明顯減緩，兩年間電力效率年平均僅增加 0.04％（見圖 1-4），主要為此段期間電價調低 17％，加上 2017 年 10 月電價該調漲而未調有關，電價重回補貼老路。

在供給方面，2018 年 10 月 12 日政府已宣布放棄深澳電廠，觀塘接收站又因環差延擱，未來還將面臨環保抗爭，將影響大潭對八、九號發電機供電，無法如期商轉。而再生能源發展，除可掌握土地嚴重不足外，執行上更困難重重。以太陽光電為例，2017 年實際僅年增 52.3 萬瓩，2025 年目標需再增 1,823 萬瓩，進度嚴重落後，加上 2021 年至 2025 年間核二及核三將陸續除役，未來缺電壓力極大。

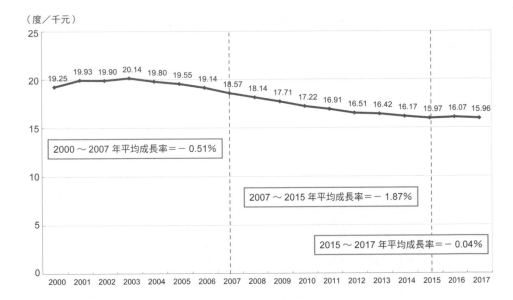

（度／千元）

2000～2007 年平均成長率＝－ 0.51%

2007～2015 年平均成長率＝－ 1.87%

2015～2017 年平均成長率＝－ 0.04%

▲ 圖 1-4　2000 年至 2017 年我國整體經濟電力密集度

資料來源：經濟部能源局《能源統計月報：2018 年 10 月份》

（二）區域供電失衡

以雙北、桃園為主的北部而言，能源轉型計畫，並沒有充分考慮北部負載成長的問題。以 2016 年（1.78％）及 2017 年（1.59％）平均北部負載成長率 1.69％推估 2018 年至 2025 年平均成長率，則至 2025 年北部尖峰負載將達 1,625.5 萬瓩，比 2017 年增加 204.6 萬瓩，成長 14.3％。

隨著核一、核二及協和電廠將除役，而深澳也不興建，即令有新增機組（大潭八號及九號發電機），北部供電缺口將由 2017 年的

57.3 萬瓩擴大到 2025 年的 288.1 萬瓩以上,超過中部至北部輸電幹線可靠輸電能力(200 至 300 萬瓩),由中到北若有一電塔倒塌,北部地區將會大停電(見圖 1-5)。

	106年	107年	108年	109年	110年	111年	112年	113年	114年
備用容量率(%)	7.1	11.8	15.2	15.5	15.6	15.1	17.7	20.2	16.3

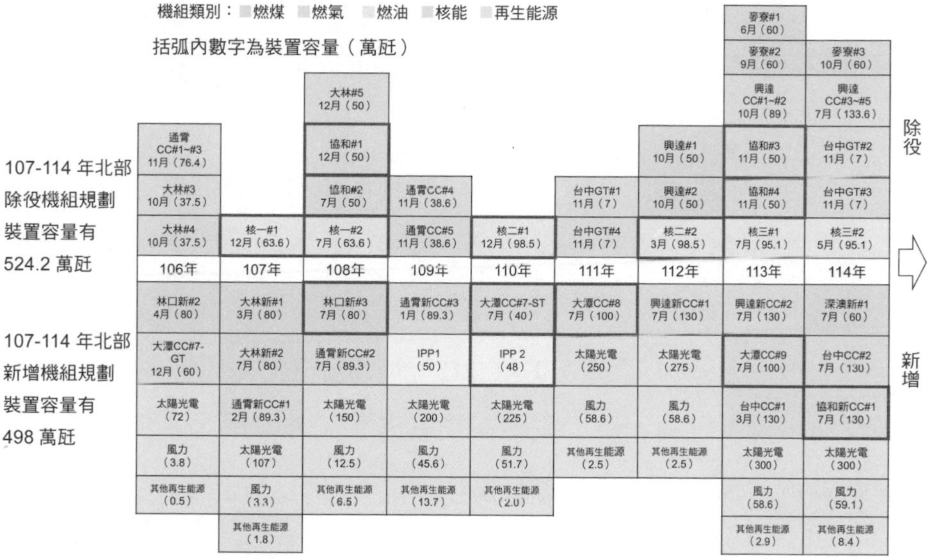

機組類別:■燃煤 ■燃氣 燃油 核能 再生能源
括弧內數字為裝置容量(萬瓩)

除役

107-114 年北部除役機組規劃裝置容量有 524.2 萬瓩

106年	107年	108年	109年	110年	111年	112年	113年	114年
							麥寮#1 6月(60)	
							麥寮#2 9月(60)	麥寮#3 10月(60)
							興達CC#1~#2 10月(89)	興達CC#3~#5 7月(133.6)
		大林#5 12月(50)						
通霄CC#1~#3 11月(76.4)								
		協和#1 12月(50)			興達#1 10月(50)		協和#3 11月(50)	台中GT#2 11月(7)
大林#3 10月(37.5)		協和#2 7月(50)	通霄CC#4 11月(38.6)	台中GT#1 11月(7)	興達#2 11月(50)		協和#4 11月(50)	台中GT#3 11月(7)
大林#4 10月(37.5)	核一#1 12月(63.6)	核一#2 7月(63.6)	通霄CC#5 11月(38.6)	核二#1 12月(98.5)	台中GT#4 11月(7)	核二#2 3月(98.5)	核三#1 7月(95.1)	核三#2 5月(95.1)

新增

107-114 年北部新增機組規劃裝置容量有 498 萬瓩

106年	107年	108年	109年	110年	111年	112年	113年	114年
林口新#2 4月(80)	大林新#1 3月(80)	林口新#3 7月(80)	通霄新CC#3 1月(89.3)	大潭CC#7-ST 7月(40)	大潭CC#8 7月(100)	興達新CC#1 7月(130)	興達新CC#2 7月(130)	深澳新#1 7月(60)
大潭CC#7-GT 12月(60)	大林新#2 7月(80)	通霄新CC#2 7月(89.3)	IPP1(50)	IPP2(48)	太陽光電(250)	太陽光電(275)	大潭CC#9 7月(100)	台中CC#2 7月(130)
太陽光電(72)	通霄新CC#1 2月(89.3)	太陽光電(150)	太陽光電(200)	太陽光電(225)	風力(58.6)	風力(58.6)	台中CC#1 3月(130)	協和新CC#1 7月(130)
風力(3.8)	太陽光電(107)	風力(12.5)	風力(45.6)	風力(51.7)	其他再生能源(2.5)	其他再生能源(2.5)	太陽光電(300)	太陽光電(300)
其他再生能源(0.5)	風力(3.3)	其他再生能源(6.5)	其他再生能源(13.7)	其他再生能源(2.0)			風力(58.6)	風力(59.1)
	其他再生能源(1.8)						其他再生能源(2.9)	其他再生能源(8.4)

→ 107-114 年北部仍不足 26.2 萬瓩
+ 原北部供電缺口 57.3 萬瓩
+ 預計 114 年北部尖峰負載將增加 204.6 萬瓩

→ 114 年北部供電缺口擴大到 288.1 萬瓩

▲ 圖 1-5　106 年至 114 年新增及除役機組規劃
資料來源:台灣電力股份有限公司、本文繪製

（三）電價上漲

　　政府原係假設未來燃料價格維持在 2017 年水準不變，從而估算 2025 年能源轉型將使平均電價較 2017 年（2.5 元／度）上漲 0.5 元／度，約漲 20％，達 3.05 元／度，低於 2013 年 10 月油電雙漲高峰平均電價 3.13 元／度。但因 2025 年未來電價中燃氣及再生能源比率均將大增，政府估算非屬合宜，電價不應為 2013 年的 3.13 元／度所限。政府現也已承認錯誤並於 2019 年 3 月 4 日宣布在考慮電力需求增加情況下，重新估算電價於 2025 年將為每度 3.39 元，較 2017 年上漲 33％。

　　考量近年國際油價持續攀升，帶動其他化石能源價格上漲，本研究參考國際機構預測值（見圖 1-6），估算未來能源成本將持續提升。在未考慮再生能源輔助成本下，預計國內電價將因能源轉型將使 2025 年電價上漲至 3.63 元／度，相較 2017 年平均電價上漲約 43％。因再生能源為不穩定電源，為了電網安全需搭配額外備用容量及加強電網等輔助投資。在考慮再生能源輔助成本（1.23 元／度）下，預計國內電價將因能源轉型將使 2025 年電價上漲至 3.9 元／度，相較 2017 年平均電價上漲約 53％；若進一步計入核四減損（9 年分攤，每年分攤 0.11 元／度），則預計電價將為 4.01 元／度，較 2017 年平均電價上漲約 58％。

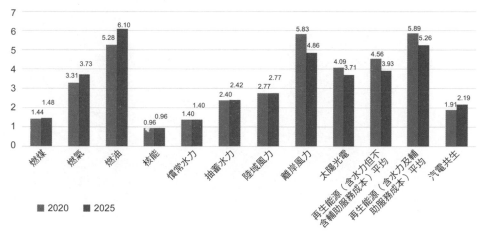

（元／度）

▲ 圖 1-6　我國各類能源發電成本估計

資料來源：本文估計

（四）排碳及汙染

發電業約占全國總排碳量六成，因 2013 年至 2017 年核電比重降低 8.2％，需增加燃煤及燃氣替代。以發電業為主的能源部門，2007 年至 2013 年之間排碳量減少 215 萬公噸或 1.32％，2017 年則比 2013 年反向增加 2,034 萬公噸，成長 12.64％，即令工業碳排減少 604 萬公噸或 12.48％，全國碳排放量不減反增 1,612 萬公噸或 6.37％。

政府為降低排碳，規劃電力排碳係數擬由 2016 年的每度 0.53 公斤，先降為 2020 年的 0.492 公斤，再降為 2025 年的 0.394 公斤（見圖 1-7）。

惟根據台電各種電廠 2017 年電力排碳係數，分別以 2020 年及

（公斤二氧化碳當量／度）

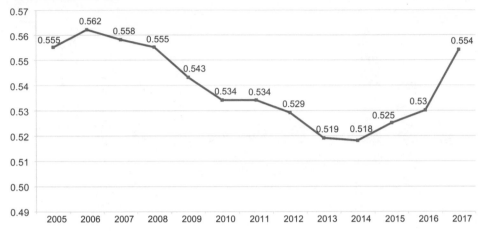

▲圖 1-7　電力排放係數歷史趨勢

資料來源：經濟部能源局 2018 年 7 月 4 日公告 2017 年全國電力排放係數，並追溯修正電力排放係數至 2005 年。資料取自 https://www.ecct.org.tw/News/Show?id=c39491a451824d0fa8fc7ead7893d859

2025 年電源配比加以計算，2020 年及 2025 年的每度電力排碳係數分別為每度 0.513 公斤及 0.461 公斤，高於 2020 年目標值（每度 0.492 公斤）及 2025 年目標值（每度 0.394 公斤）4.25％及 16.9％。

　　若以 2016 年至 2018 年平均成長率 1.88％，推估 2018 年至 2025 年用電年平均成長率，則 2020 年及 2025 年用電量將分別達 274,421 百萬度及 301,205 百萬度，比 2016 年的用電量 255,420 百萬度分別增加 7.4％及 18％。

　　由於 2025 年預計每度碳排放係數（0.457 公斤／度）僅比 2016

年的 0.53 公斤／度減少 13%，但同時期預計用電量則增加 18%。因此 2025 年電力部門排碳量將比 2016 年不減反增 5%，如此如何達到我國對國際（聯合國氣候變遷綱要公約）承諾，即 2030 年回到 2000 年的排碳量（2.09 億噸），即需比 2016 年（2.627 億噸）再降 5,370 萬噸或 20.4%？

低碳能源發展的限制

（一）太陽光電

根據目前政府的規劃，未來八年之內太陽光電將是再生能源發展的主力，占 73%。太陽光電分地面型與屋頂型兩大類，地面型太陽光電裝置容量為 17,000MW（百萬瓦），需 2 萬 5500 公頃土地，屋頂型太陽光電裝置容量則為 3,000MW，需要屋頂面積 1,200 萬坪。

政府雖聲稱經盤點可用土地可達 25,383 公頃，其中解編工業區 1 千 663 公頃是否和解決工業缺地問題互相矛盾？7,479 公頃國有財產局閒置土地市價高，作為太陽光電是否地盡其用？又因所有權分散有土地整合的困難及台電是否有足夠饋線配合問題，也有破壞生態景觀、居民及環保團體抗爭的問題，考慮以上困難，實際可用土地約 5,483 公頃，也僅占所需土地的五分之一。太陽光電占 2025 年再生能源發展目標的 73%，太陽光電無法達標，再生能源如何在 2025 年達到占電源 20%的目標？

再者，行政院在賴揆任內即宣示將鬆綁法令，大力發展屋頂型太陽光電。台灣超過半數的屋頂蓋有違建設施，法令鬆綁容許興建太陽光電將使舊有違建無法拆除，新的違建或將燎原。

（二）風力發電

風力發電包括陸域風力及離岸風力。我國在風場較佳的 200 公里的西海岸線已裝設 336 座陸域風機，但僅占總發電量 0.9％，因會產生噪音，再增設時已遭如通霄等地的居民抗爭。未來如何再增設 260 座陸域風機？

2018 年 4 月政府採遴選躉購方式，以每度 5.8 元價格開放 3,836MW 離岸風機風場。由於該價格為國際行情兩倍，造成社會爭議。經濟部在擬訂 2019 年價格時，躉購價格每度將下調為 5.1 元，且有每瓩 3,600 度的保證收購量上限，超過的度數將改以台電公司的平均發電成本計價。廠商有所不滿，揚言撤資，經濟部最後大幅讓步，從原先的每度 5.1 元調高到每度 5.516 元，滿發時數上限也上調至 4,200 小時，並恢復階梯式費率。

若價格無法大幅調低，以 2018 年離岸風機躉購價格每度 5.8 元，和台電平均發電成本每度 1.96 元相比較，每度電力補貼金額高達 3.84 元，以第一階段開放 3,836MW 的風場，年發電量 138 億度計算，每年電價補貼金額高達 538 億元，單就此一採購案就將使電價上漲 9.8％，由於大多數廠商擬採用風機介於 8MW-10MW 之間，而 8MW

風機售電量可比以 4MW 示範風機發電量設定之保證收購量每瓩 3,600 度多 18％，在無保證收購量上限的情況下，實際補貼金額可達 634.8 億，電價漲幅將達 11.6％。

除此之外，夏季風小無電，也無法支應夏季尖峰用電。

（三）太陽光電及風電的執行進度不如預期

根據審計部發布 106 年度中央政府總決算審核報告指出，太陽能、風電進度不如預期，難補供電缺口。2017 年底已完成設置光電與風電系統裝置容量，占 2025 年目標裝置容量的比率，分別僅有 8.84％ 及 16.49％，其中地面型與離岸風機的完成容量各僅有 14.91％ 與 2.29％。

其實各項再生能源執行進度和目標間有相當大的距離。2017 年底完成太陽光電與風電系統裝置量還包括 2000 年至 2008 年陳水扁政府裝置的 5.6MW 太陽光電及 250.4MW 風力發電，以及馬政府 2009 年至 2016 年裝設的 1,240MW 太陽光電及 432MW 風力發電。

政府在 2016 年至 2017 年間太陽光電裝置容量僅增 523MW，若要達到 2025 年設置 20,000 MW 的目標，需再增設 18,232MW，需時三十五年，又如何說再七年，即 2025 年就可達標？

（四）電網衝擊

除上述諸多困難之外，再生能源因供電不穩定（有風、有陽光才能發電）性質上屬輔助電源，無法完全替代可以 24 小時穩定供電的

核電及燃煤電廠等。台灣又是一個獨立電網，不像德國可透過歐陸聯網向國外調度不穩定的再生能源發電。

　　據美國能源研究會（The Institute for Energy Research）的研究，基於太陽光電的供電不穩定特性，會造成電網調度的困難，太陽光電占總電力供應的比重若大於 6％，其資產價值（供電可靠性）將為零（見圖 1-8）。但根據目前我國政府規劃，再生能源占總電源 20％，太陽光電占再生能源 73％，故太陽光電占總電源的比重高達 14％，我國太陽光電的配比顯著偏高。

　　故 2025 年前若需達成再生能源發電占比 20％，為降低對電網的衝擊，應須有額外的備用（載）容量、智慧電網以及儲電設施。惟以

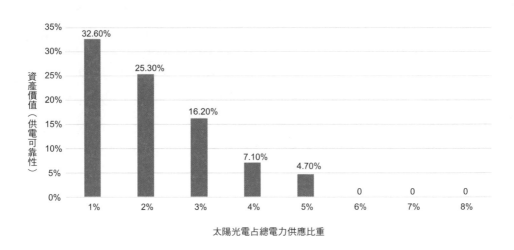

▲圖 1-8　各太陽能發電占比之資產價值

資料來源：IER（2017）

上三項前提齊備的可能性不高，因此實際上需要更多的燃煤電廠，尤其是啟動速度快的燃氣電廠，來補再生能源之不足及替代核能。這也是政府在能源轉型規劃中，燃氣電廠在電源占比要從目前的 34.6％提高為 50％的主要原因。下文即針對燃氣發電問題加以討論。

（五）天然氣發電

天然氣發電成本高，2013 年每度的成本為 4.7 元，根據 2013 年台電成本加以計算，以燃氣電廠取代四座核電廠，電價將漲 40％。此外，台灣天然氣全賴進口，其占 35.8％發電比重目前已甚高，2025 年更要增加到 50％。根據國際能源總署（IEA）資料，比較世界主要國家，台灣僅次於墨西哥（59.8％）、義大利（38.2％）及目前幾乎無核的日本（38.9％）。未來，能源供給的安全堪慮。（見圖 1-9）

台灣目前液化天然氣儲槽的週轉天數，全年平均為 13 天，夏季則僅 7 天，遠低於國際水準（如韓國為 53 天，中國大陸為 51 天，日本為 36 天）（見圖 1-10），實際週轉天數更低，夏天颱風若肆虐一週，燃氣電廠將停擺，且未來燃氣占比將增為 50％，國家能源安全堪慮。

尤有進者，觀塘第三 LNG 接收站因藻礁保護問題，建廠土地由 237 公頃縮減十分之九而為 23 公頃，儲槽僅能保有原計畫四座中的兩座，若再增供氣需求，兩座儲槽僅供發電，沒有多餘容量儲氣，因而每星期都要有船靠岸卸氣，且每艘天然氣船僅能卸一半的氣，須另找台中港或永安港再卸另外一半。

（元／度）

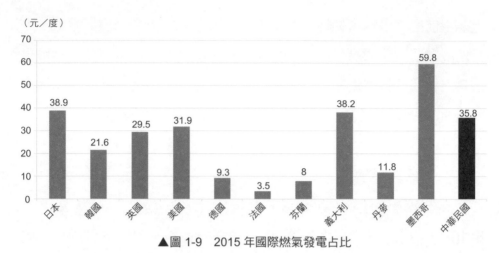

▲圖 1-9　2015 年國際燃氣發電占比

資料來源：International Energy Agency, IEA, "Electricity Information 2017."

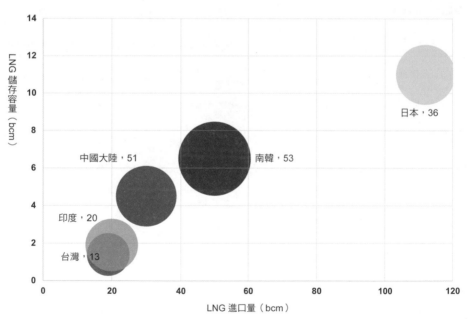

▲圖 1-10　亞洲國家 2015 年 LNG 儲存容量、進口量與週轉天數

資料來源：International Energy Agency, IEA, "Global Gas Security Review 2016."

一旦天然氣運輸船因冬季季風或颱風因素無法靠岸卸貨，未來靠觀塘接收站供氣的大潭電廠十座機組，半數產能將會停擺，不僅是能源安全問題，而是國家安全問題。

2025 年經濟與環境考量下之最適（Optimal）電源配比

本文依據國際原油價格走勢及相關資料進行各類電廠能源發電成本推算，並利用梁啟源台灣動態一般均衡模型（DGEMT）的電力子模型，依各種電廠的運轉特性，採以成本極小化原則，從經濟及環保角度出發，提出 2025 年我國最適 （Optimal）電源配比。

首先，預測我國各類電廠能源發電成本（見圖 1-6），2025 年各類能源發電成本以燃油每度電 6.1 元最高，離岸風力發電成本每度電 4.86 元次之，而核能發電成本為 0.96 元／度。核能發電成本並未考慮提前廢核及高放及低放核廢料集中儲存等因政策改變而增加之成本。

若火力發電成本反映外部成本，並以每公噸二氧化碳當量為 40 美元設算其空汙及排碳等外部成本，此假設並不需真正實施碳稅，則 2025 年燃煤發電、燃氣發電、核能發電與再生能源發電之最適電源配比分別為 32.4％、40％、17.5％及 10％（見表 2）。發電成本反映外部成本時，除可降低高碳能源使用、提高低碳或潔淨能源發電占比，亦有助於分散電源結構，提高國家能源安全程度。

然而，政府規劃之能源配比為燃煤發電、燃氣發電、再生能源占

比分別為 30％、50％、20％，明顯異於 2025 年最適能源配比，如此一來，除了會造成未來電價顯著上漲及排碳及汙染失控問題外，更會因電源結構過於集中，不利國家整體能源安全。政府規劃之配比電源集中度達 0.38，高於 2016 年實績（0.33），更高於本文建議 2025 年配比的 0.31。

2025 年核能發電占比 17.5％可透過既有三座核電廠延役及核四運轉達成。其實既有三座核電廠運轉績效良好，2012 年至 2014 年間，

表 2 2025 年我國電源最適（Optimal）配比模型與政府能源轉型目標之比較

單位：％

能源別	2016 年	模型估計			蔡英文政府規劃
		未考慮外部成本情境	考慮外部成本情境（20 美元 / 公噸 CO_2）	考慮外部成本情境（40 美元 / 公噸 CO_2）	
燃煤	45.4	42.7	36.8	32.4	30
核能	12.0	15.5	16.6	17.5	
燃氣	32.4	34.4	37.7	40.0	50
燃油	4.1	0.1	0.1	0.1	
再生能源	4.8	7.3	8.8	10.0	20
能源集中度	0.330	0.330	0.313	0.307	0.380

註：1. 能源集中度係利用 HHI（Herfindahl-Hirschman Index）計算，用以衡量電源結構集中度，數值越大表示越集中、能源安全度較低。2. 外部成本包含溫室氣體及空氣汙染等成本。
資料來源：本文估計

在 31 個有核電國家中，我國排名第五名，非計畫性停機數也是歷史低點（見圖 1-11 和圖 1-12）。

在設定未來各種發電廠成本的假設下，同時計入再生能源輔助成本，政府規劃配比之電價（3.9 元／度），將較 2016 年平均電價（2.62 元／度）漲幅高達 49％，相較本文以課徵 40 美元／公噸 CO_2 碳稅考慮外部成本之最適配比之電價（3.25 元／度）漲幅 24％多漲 25％（見圖 1-13）。比較政府規劃配比和本文最適配比對 2016 年電價漲幅影響，電價上漲 49％預期將使 GDP（國內生產總值）下降 1.42％、就

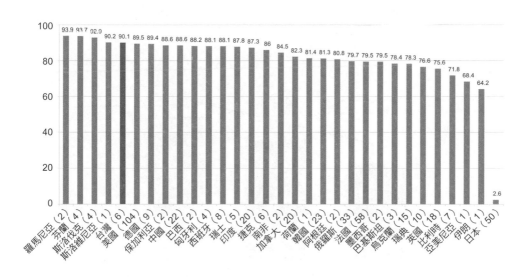

▲圖 1-11　2012-2014 年各國機組能力因數三年平均值排名

註：依各國機組 2012-2014 年之機組能力因數 （UCF, Unit Capability Factor）三年平均值，計算各國之排名。

資料來源：International Atomic Energy Agency, IAEA （2015）（https://www.iaea.org/PRIS/WorldStatistics/WorldTrendinAverageLoadFactor.aspx）.

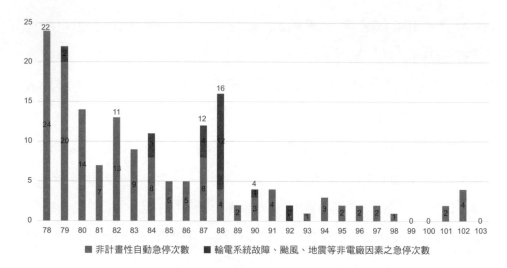

▲ 圖 1-12　近年非計畫性自動急停次數統計圖（6 部機）

資料來源：台灣電力股份有限公司

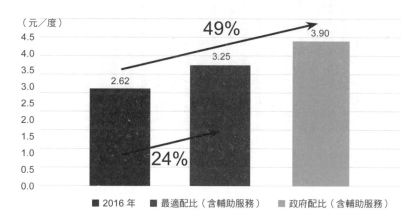

▲ 圖 1-13　2025 年我國電力最適（Optimal）配比與政府規劃配比之電價估計與差異

註：1. 電價 = 發電成本 + 輸配電成本，假設輸配電成本為 0.536 元／度。2. 政府規劃配比為至 2025 年時，燃煤發電、燃氣發電與再生能源發電占比分別為 30%、50% 和 20%。

資料來源：本文估計

業人數減少 9.8 萬人（見表 3）、消費者物價指數上揚 1.38%（見圖 1-14），負面影響衝擊相較本文最適配比版（電價上漲 24%）更大。

　　進一步比較二氧化碳排放量，2025 年政府規劃配比較本文之最適配比高出 300 萬公噸，2020 年甚至高出 4,200 萬公噸（見圖 1-15）。

表 3　電價上漲 24% 與 49% 對我國經濟面影響

單位：%

產業	電價上漲 24%			電價上漲 49%		
	GDP	產業物價	就業人數	GDP	產業物價	就業人數
農林漁牧業	-0.27	1.21	-0.49	-0.43	1.76	-0.72
礦業及土石採取業	-2.25	4.05	-0.01	-3.65	6.05	-0.02
製造業	-1.46	2.02	-2.81	-2.46	3.05	-4.55
水電燃氣業	-6.06	4.09	-0.18	-9.67	6.09	-0.29
營建業	-0.04	1.37	-0.04	-0.06	2.01	-0.06
運輸倉儲及通訊業	-0.11	0.41	-0.05	-0.17	0.59	-0.08
服務業	-0.52	1.06	-2.53	-0.72	1.56	-4.05
整體經濟	**-0.86**	**1.42**	**-6.11**	**-1.42**	**2.11**	**-9.76**

資料來源：本文估計

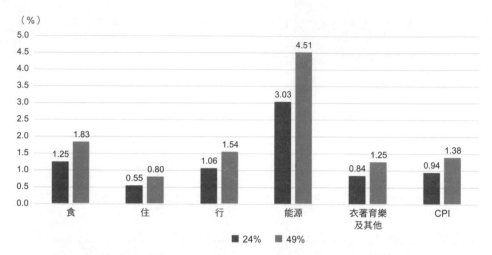

▲圖 1-14　電價上漲 24%與 49%對我國各類消費品項物價變化

資料來源：本文估計

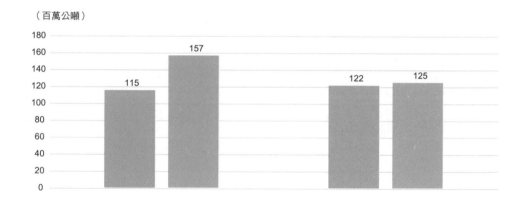

▲圖 1-15　政府規劃配比與最適（Optimal）配比之碳排放量比較

註：1. 依政府規劃，2020 年與 2025 年之發電量預計分別為 2,411 億度、2,575 億度。2. 燃煤、燃氣、燃油和抽蓄水力之碳排放係數分別為 0.926 公斤/度、0.415 公斤/度、0.772 公斤/度、0.52 公斤/度。

資料來源：本文估計

結論與建議

　　根據 2017 年能源轉型政策所做的電力系統備用容量率估算，需求預測偏低而供給預測偏高，顯得過於樂觀。目前核二的一號機及二號機的重啟雖可緩解近年缺電壓力，但 2021 年至 2025 年間隨核二及核三的除役，及核四廢廠所造成的 21％電力缺口難以彌補，仍將導致台灣發生缺電、排碳、電價上漲、區域供電失衡及能源安全問題，影響台灣長期國際競爭力、經濟成長與就業。政府宜務實調整電源結構規劃，對轉型時程保有彈性，並慎重考量既有核電廠的延役及完成核四廠。

　　本文依各種電廠的運轉特性，從經濟及環保角度出發，提出 2025 年我國最適電源配比，即燃煤發電 32.4％、燃氣發電 40％、再生能源發電 10％、核能發電 17.5％。以上火力發電配比（燃煤發電加燃氣發電）為 72.4％，比 2017 年減少近九個百分點，年減超過 1％，再生能源由低於 5％倍增，17.5％核電則可彌補原能源轉型計畫中，火力發電和再生能源不足之數。此應可滿足上述以核養綠等三公投案，並可避免政府能源轉型政策所造成的四大問題，或可作為政府重新擬定新能源政策之參考。

溫室氣體減排與再生能源發展：
問題與對策

黃宗煌　台北大學專案約聘教授、清華大學榮譽退休教授

背景說明與本文目的

根據「環境專業網絡」（EPN, 2014），野生動物滅種、全球糧食與水資源短缺、能源尖峰消費、經濟崩潰，及全球暖化是當今全球的五大問題；「世界經濟論壇」（2017）也無獨有偶地指出全球最嚴重的十大問題，包括：氣候變遷與自然破壞、貧窮與不平等、宗教與種族衝突、政府的可信度、透明化和貪腐、糧食與水資源的安全與衛生、人民的經濟機會、就業和福祉等。有趣的是，我國在推動溫室氣體減排與再生能源發展的過程中，竟也反映出了類似特性的問題。

進入千禧年之後，以能源價格劇烈震盪為特色的新能源危機乍現，對於高度仰賴進口能源的台灣而言，更造成多重面向的衝擊[1]，能源安全的重要性也因此提升到攸關國家安全的層級。國際能源總署（IEA）一再指出，因應氣候變遷的手段，以提升能源效率和轉換能

---

[1] 我國能源進口值占 GDP 的比率，自 2004 年之 6.25% 提高至 2014 年之 12.06%；平均每人負擔進口能源值由 2004 年之新台幣 32,265 元增加至 2014 年之新台幣 83,376 元，10 年來增加 2.6 倍以上，嚴重影響產業國際競爭力，並增加民眾負擔。

源的貢獻最為有效，因此許多國家無不積極推廣再生能源，研發節能減碳科技。此外，聯合國環境總署（UNEP）在 2008 年全球金融危機之後，也極力呼籲各國推動綠色經濟，發展綠色產業，促進產業轉型。

　　鑑於京都議定書失敗的教訓，聯合國氣候變化綱要公約（UNFCCC）第 20 屆締約國會議（COP 20），建議各國針對減碳行動提出「國家自定貢獻」（Intended Nationally Determined Contribution, INDC）的承諾計畫，作為 2020 年後氣候行動的基礎 [2]。COP 21 更出奇順利地通過了「巴黎協議」（Paris Agreement），且繼「千禧發展目標」（Millenium Development Goals）之後，揭櫫了更為周延的「永續發展目標」（sustainable development goals）。

　　我國雖非 UNFCCC 的締約國，但一向謹守國際公約，因此，針對氣候變遷與再生能源發展的問題，也陸續召開了四次全國能源會議（1998、2005、2009、2015）、國家永續發展會議（2006）、產業科技策略會議（2007）等，並創制了多項相關法規和政策；由下頁圖 1-16 可見，千禧年之後的新政府（陳水扁，2000 年 5 月至 2008 年；馬英九，2008 年 5 月至 2016 年；蔡英文，2016 年 5 月至今）在節能減排與能源發展政策上的積極作為。凡此所聚焦的議題大都圍繞著以下三項：

2　INDC 是每個國家在 COP21 會議前向聯合國提出的減碳承諾，其中所臚列的減碳目標是由下而上的自願性承諾，與京都議定書由上而下地規定減碳目標完全不同。我國一向非常積極應對並遵守國際公約的規範和要求，因此環保署也提出 INDC，即自訂減碳承諾：2030 年的碳排量將較 2005 年減少 20%。

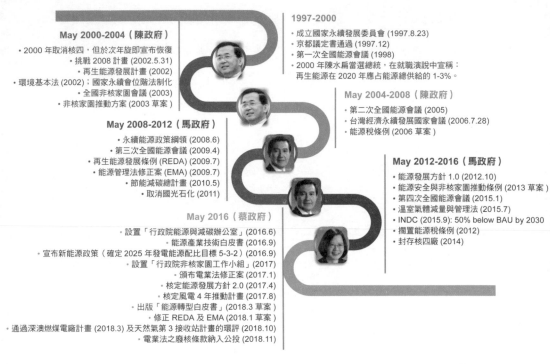

1997-2000
· 成立國家永續發展委員會 (1997.8.23)
· 京都議定書通過 (1997.12)
· 第一次全國能源會議 (1998)
· 2000 年陳水扁當選總統，在就職演說中宣稱：
　再生能源在 2020 年應占能源總供給的 1-3%。

May 2000-2004（陳政府）
· 2000 年取消核四，但於次年旋即宣布恢復
· 挑戰 2008 計畫 (2002.5.31)
· 再生能源發展計畫 (2002)
· 環境基本法 (2002)；國家永續會位階法制化
· 全國非核家園會議 (2003)
· 非核家園推動方案 (2003 草案)

May 2004-2008（陳政府）
· 第二次全國能源會議 (2005)
· 台灣經濟永續發展國家會議 (2006.7.28)
· 能源稅條例 (2006 草案)

May 2008-2012（馬政府）
· 永續能源政策綱領 (2008.6)
· 第三次全國能源會議 (2009.5)
· 再生能源發展條例 (REDA) (2009.7)
· 能源管理法修正案 (EMA) (2009.7)
· 節能減碳總計畫 (2010.5)
· 取消國光石化 (2011)

May 2012-2016（馬政府）
· 能源發展方針 1.0 (2012.10)
· 能源安全與非核家園推動條例 (2013 草案)
· 第四次全國能源會議 (2015.1)
· 溫室氣體減量與管理法 (2015.7)
· INDC (2015.9): 50% below BAU by 2030
· 擱置能源稅條例 (2012)
· 封存核四廠 (2014)

May 2016（蔡政府）
· 設置「行政院能源與減碳辦公室」(2016.6)
· 能源產業技術白皮書 (2016.9)
· 宣布新能源政策（確定 2025 年發電能源配比目標 5-3-2）(2016.9)
· 設置「行政院非核家園工作小組」(2017)
· 頒布電業法修正案 (2017.1)
· 核定能源發展方針 2.0 (2017.4)
· 核定風電 4 年推動計畫 (2017.8)
· 出版「能源轉型白皮書」(2018.3 草案)
· 修正 REDA 及 EMA (2018.1 草案)
· 通過深澳燃煤電廠計畫 (2018.3) 及天然氣第 3 接收站計畫的環評 (2018.10)
· 電業法之廢核條款納入公投 (2018.11)

▲圖 1-16　千禧年之後各界政府的能源相關政策創新

（1）國家減碳目標與階段管制目標的訂定。

（2）非核家園政策與發電之能源配比的訂定。

（3）減排與綠能政策的影響、整合（integration）與調和（harmonization）。

　　關於減碳目標，在「溫室氣體減量與管理法」公布後，大致已經確立了我國的短期、中期（2030）、及長期（2050）減碳目標；環保署也在 2017 年規劃出未來至 2030 年的階段管制目標（見圖 1-17）。

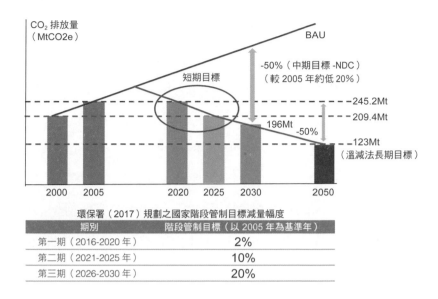

CO₂ 排放量
（MtCO2e）

短期目標

BAU

-50%（中期目標 -NDC）
（較 2005 年約低 20%）

245.2Mt
209.4Mt
196Mt
-50%
123Mt
（溫減法長期目標）

2000　2005　　　2020　2025　2030　　　2050

環保署（2017）規劃之國家階段管制目標減量幅度

期別	階段管制目標（以 2005 年為基準年）
第一期（2016-2020 年）	2%
第二期（2021-2025 年）	10%
第三期（2026-2030 年）	20%

▲圖 1-17　我國溫室氣體減排的短、中、長期目標

雖然此等目標的制定，確實經過各界無數的論證評估所致，惟背後的驅動力、目標的可及性及推動策略等，均有檢討空間。本文第二節即以此為分析重點。

　　關於非核家園政策，民進黨與國民黨的主張同中存異；換言之，非核願景殊途同歸，但實踐期程則大有出入。面對「核能政策政治化」的渾沌局勢，馬政府力主穩健減核並決定封存核四；然而，蔡政府於 2016 年全面執政後，卻全盤推翻前朝政策，完全否定國內各界關於發電最適能源配比的研究成果，更無視國際間各種發展情境對核能的定位，為「非核家園」定下明確的時間表，執意在 2025 年達成全面非核的境界；即便 2018 年 11 月的公投結果否決了民進黨主導之電業法

的廢核條款，蔡政府顯然仍堅持不改其志。

　　關於發電之能源配比的訂定，蔡政府上台後更展現出無比勇猛的企圖心，提出能源轉型的新能源政策；除了廢核之外，也確定了燃氣50%、燃煤30%及再生能源20%的發展目標（簡稱「5-3-2目標」）。如同減碳政策一般，此一目標的動機、可及性（包括技術、經濟、與社會等面向），及其與2017年「能源發展綱領」所揭橥之四大政策目標（見圖1-18）的相容性與一致性，存在著更多值得檢討的問題，尤其是「躉購費率」（feed-in tariff, FIT）所掀起的風潮，不僅爆紅國際，也種下許多資源配置扭曲（resource allocative distortion）及跨世代不公

能源安全

有效運用各類能源優勢，積極增加能源自主性與確保能源多元性，布建分散式能源，優化能源供給結構，推動能源先期管理及提升能源使用效率，以建構穩定、可負擔及低風險之能源供需體系。

綠色經濟

以綠能帶動科技創新研發與在地就業機會，創造綠色成長動能。

環境永續

降低能源系統溫室氣體排放密集並改善空氣品質，落實能源設施布建應納入區域環境考量，完成既有核電廠除役並完善核能發電後端處置營運，以打造潔淨能源體系與健康生活環境。

社會公平

落實能源賦權精神，建構公平競爭的能源市場環境，並強化政策溝通與公眾參與，以確保世代內與跨世代公平，實現能源民主與正義。

▲圖 1-18　能源發展綱領（2017 年 4 月）的四大能源發展目標

平（intergenerational inequity）的危機。

　　事實上，蔡政府的廢核政策與再生能源發展目標是密不可分的，其間的因果關係更耐人尋味。本文第三節將深入分析 5-3-2 目標的動機與問題。

減碳的真諦不在好高鶩遠的目標，而在於減排的成本有效性

　　我國推動節能減碳的政府作為十分積極，民間動能更是活力有勁。打從第一次全國能源會議（1998 年）起，各界關於節能減碳目標的訂定，都有不同的主張，包括歷年的全國能源會議結論、能源政策綱領與推動計畫、執政黨的政策主張等，其間的問題可歸納起以下數端：

（一）減碳目標立基於主觀意識甚於理性的決策原理

　　關於國家減碳目標的訂定，其過程從第一次全國能源會議起就充滿爭議；早先在環團的強勢主張下，甚至有比照歐盟（在 2020 年回歸 1990 年排放水準）的荒謬提議，最後達到共識結論如下：

　　「暫以西元 2020 年二氧化碳排放量降到 2000 年水準（或人均排放量 10 公噸）為參考值，保留排放值增減 10% 及減量時程前後五年之彈性，作為政策設計之參考，並檢視國際發展趨勢及各項減量策略成效，每四年（必要時每兩年）檢討。」

據此，筆者於 2000 年時早已指出，「為達此目標所需之碳價高達每噸碳 3,564 元（超過 100 美元），因此，要達到全國能源會議之減量目標有其困難度。」此後，筆者於 2006 年也針對許多減碳目標情境，以最具成本有效性的方式（開徵碳稅）來評估國家整體所需負擔的減碳成本，結果亦顯示，以當時的排放基線而言，在 2020 年回歸 2000 年的碳排量水準，將導致 GDP 成長率降幅達兩個百分點以上（相當於基線 GDP 成長率要減半），顯然這是經濟與政治皆不可行的減量目標。

爾後，我國的節能減碳目標散見於多處（包括歷年的全國能源會議結論、能源政策綱領與推動計畫、執政黨的政策主張等），目標值迭有修正[3]，不一而足。往好處想，是為海納百川，凝聚共識；往缺點說，則是立論無據，客觀不足。目前雖已定調（見圖 1-17），卻仍未見明確的訂定學理，而當下的目標與減碳目的及決策準則亦無明確的關聯。

環保署（2017 年）根據溫管法第 11 條關於階段管制目標的規定[4]，參酌國發會所推定的社經參數[5]、相關部會所提出的部門別能源消費量

3　例如行政院於 2008 年 6 月 5 日核定「永續能源政策綱領」，明定國家的節能減碳目標如下：（1）全國二氧化碳減排目標：於 2016 年至 2020 年間回到 2008 年排放量，於 2025 年回到 2000 年排放量（214 百萬噸）；（2）發電系統中低碳能源占比由 40% 增加至 2025 年的 55% 以上；（3）積極發展無碳再生能源，有效運用再生能源開發潛力，於 2025 年占發電系統的 8% 以上；（4）增加低碳天然氣使用，於 2025 年占發電系統的 25% 以上。揆之現況，差異不可謂不大。

4　環保署於 2016 年 1 月 28 日訂定「溫室氣體階段管制目標諮詢委員會設置要點」，同年 3 月 24 日正式成立「溫室氣體階段管制目標諮詢委員會」，3 月 28 日發布「溫室氣體階段管制目標及管制方式作業準則」。

5　社經參數包括：GDP 年成長率、人口數、三級產業結構等。相關資料業經國發會於 2017 年 7 月 24 日開會確認。

與碳排量[6]、部門別節能減碳策略、經濟部所提出的能源價格預測、各類能源發展目標及電力排放係數等資訊，在考量不確定性的情況下[7]，訂定了部門階段管制目標（見圖 1-17）。

由於各期管制目標之訂定準則尚不明確，是所有部門之減量總成本最小化，還是各部門之附加價值損失最小化？還是國家效用或社會淨效益最大化？由於影響結果之不確定性來源甚多，如果未如預期達成目標，誰該負責，又該如何究責？又將如何調整後續各期的管制目標？

（二）減碳的路徑規劃未獲重視

一如圖 1-17 所示，國內常見的減碳路徑，經常係連結各時點之目標排放量而成的線段，所顯現的高峰值永遠是製圖當年。我從事減碳政策研究二十餘年，一直鼓吹國家最適減碳路徑的規劃，卻始終被主管機關漠視。減碳路徑的規劃不僅是學術研究上至為重要的課題，而且攸關政策工具的選擇及減碳的成本有效性（cost effectiveness），與產業競爭力和國民福祉（wellbeing）息息相關。

6　環保署於 2017 年 7 月 11 日召開部會研商會議，討論非燃料燃燒之 CO_2 排放量推估。至於燃料燃燒之 CO_2 排放量則由經濟部能源局推估提供之。

7　此處所考慮的不確定性來源包括：（1）社經參數不確定性：社經參數各期推估結果皆有不同，國發會短期僅能提供單一情境社經參數下，未來實際情形可能與推估結果有異。（2）能源消費推估保守：觀察國發會 GDP 年成長率推估情形，各部門能源消費量成長幅度較低，節能措施成效仍待觀察。（3）能源供給成長變數：短期內節能技術仍處發展階段，惟核能提前除役、天然氣接收站建置、再生能源供電裝置進度等變數仍在。

比較重要的問題是，實現國家減碳目標與階段管制目標應該各有其適當的減碳路徑，雖然目標年的減碳目標都一致，惟其減碳路徑是否一致，則未見相關分析；目前只管目標年（2020 年、2025 年、2030 年、2050 年）的碳排量，而不管從起始點邁向終點的最適路徑；從最適控制理論（optimal control theory）的角度來說，雖然不盡完美，但一如 IPCC 所出版的第五版評估報告所言，要決策者在起始點上就決定未來各期的管制路徑，確實有其困難，其必要性甚至可以檢討。

（三）節能減碳目標與經濟成長目標的相容性待商榷

節能與減碳這兩個目標與經濟成長（或人均 GDP）的相容性鮮少被客觀檢驗，但這卻是必須重視的課題之一。假設第 t 期之碳排放量（$C(t)$）與同期之能耗量（$E(t)$）呈一變動比例如下：$C(t) = a(t) \times E(t)$，其中 $a(t)$ 代表能源的碳密集度，可藉由各種低碳技術創新或能源結構調整而隨時間經過而遞減（亦即 $a(t)/t < 0$）；此外，GDP 又取決於多種因素（例如 $GDP(t) = \beta_0(t) f(\beta_1(t)K(t), \beta_2(t)C(t), \Omega(t))$），則 GDP 與節能目標及減碳目標必須維持一定關聯。因此，在兼顧永續發展之三大支柱（經濟、環境與社會）的平衡發展下，確保節能減碳目標與人均 GDP 增長的相容性是極為重要的課題。問題是，目前的既定目標之相容性卻未通過有效的驗證。

碳排量階段性管制目標、發電結構 5-3-2 配比、以及能源密集

度目標[8]的相容性也有重新檢視的必要。例如應用傳統常用的 Kaya identity[9] 來拆解碳排放量時，可表示如式（1a）：

$$TCE = \frac{TCE}{ENG} \cdot \frac{ENG}{GDP} \cdot \frac{GDP}{N} \cdot N \qquad (1a)$$

其中 TCE/ENG （= CDE）代表能源的碳排放係數；ENG/GDP （= EDG）代表 GDP 的能源密集度；GDP/N （= GDPP）代表人均 GDP；N 則代表人口數。式（1a）可以成長率（rate of growth） 改寫如式（1b）：

$$g_{TCE} = g_{CDE} + g_{EDG} + g_{GDPP} + g_{N} \qquad (1b)$$

由此可知，如果能源轉型要求碳排量負成長（$g_{TCE} < 0$），其充分條件為：（1）能源的碳排放係數負成長（$g_{CDE} < 0$）；（2）GDP 的能源密集度負成長（$g_{EDG} < 0$）；（3）人均 GDP 成長率（g_{GDPP}）和人口成長率（g_{N}）的總和必須足夠小（亦即 $0 < g_{GDPP} + g_{N} < -[g_{CDE} + g_{EDG}]$）。如果未來人口負成長（$g_{N} < 0$），則更加有助於

8　製造部門之能源密集度目標為：在 2020 年較 2005 年下降 43%；2030 年較 2005 年下降 50%。

9　值須一提的是，文獻上常以 Kaya identity 來拆解能耗量與碳排量之各項驅動力（例如能源的碳密集度、GDP 的能源密集度、產業結構、人均 GDP、人口數等）的貢獻度，其結果大都顯示人均 GDP 對能耗量及碳排量的貢獻度占比最大。就政策意涵而言，這隱含最有效的減碳策略，當以降低人均 GDP 最為有效；但這絕對不會是多數國民之所願。因此，破除 Kaya identity 的政策迷思，並掌握真實有效的減量策略和政策工具，也是不容小覷的課題。

減碳。因此，過度抑制經濟成長率並非減碳的必要工具；換言之，允許適度的經濟成長率未必造成碳排量的增長。因此，足以影響 GDP 的各種總體經濟變數，都是減碳過程中可以考慮的工具，這也說明能源政策、環境政策及總體經濟政策之間有密切的關聯，這也是未來政策整合應予重視的焦點。

（四）減碳策略過度激化歷史責任，漠視應有的基本原則

國內許多學者專家在催促政府加強減碳力道或加嚴排放管制目標時，經常以氣候變遷之潛在衝擊的嚴重性及我國承受衝擊的風險（包括脆弱性、韌性、回復力等）作為警示，也常見以我國人均排放量的國際排名和國際貿易制裁作為立論依據。因此在制定減碳策略的態度上，似乎幾近於「我不地獄，誰入地獄去」的宗教家情懷。如此情懷縱然可佩，卻不符合許多應有的基本原則[10]，特別是過度激化了我國在全球減碳上的歷史責任。

圖 1-19 顯示我國歷往累積的碳排量，事實上堪屬滄海一粟，不僅對全球暖化的邊際貢獻極其微小，即便我國積極減碳對溫室效應的減緩作用更是微乎其微；再者，就貿易財貨的排碳淨額而言，我國非常屆近碳中和（carbon neutral）（見圖 1-20）。因此，從減碳的歷史

10　例如「共同但有差異之國際責任」、「兼顧我國環境、經濟及社會之永續發展」、部門別階段管制目標之訂定，應考量成本效益，並確保儘可能以最低成本達到溫室氣體減量成效（溫管法第 6 條）。

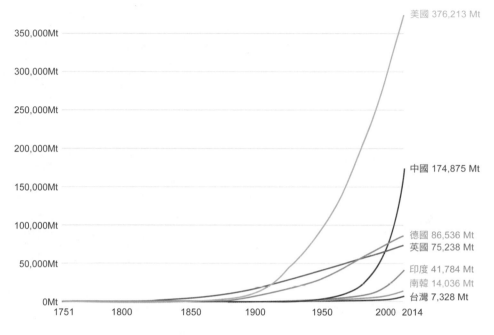

▲圖 1-19　各國 CO_2 累積排放量：1751 年至 2014 年

資料來源：黃宗煌根據 Global Carbon Project; Carbon Dioxide Information Analysis Center
（CDIAC）資料繪製

責任來說，沒有必要自認罪虐深重而自我苛責；相反地，宜在國際合作的基礎上，推動最具成本有效性的減碳策略，其中兩岸合作減碳是不該捨棄的選項。

（五）減碳政策橫向與垂直整合尚待健全化和制度化

「整合性」首重各相關政策工具在制定過程中的同籌兼顧，俾能訂定適當的政策水準（如稅率），並避免雙重負擔；而「調和性」則

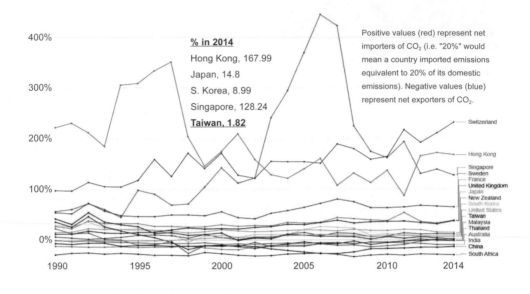

▲圖 1-20　各國貿易財之碳排放量淨額：1990 年至 2014 年

重於避免各工具之節能減碳效果的矛盾性或相互抵銷的後果。有鑑於
此，未來主管機關在訂定各項政策目標時，務必在各主管機關之間做
必要的協調後規劃之。

　　減碳政策影響所及甚廣，必須考慮的面向和因素自然錯綜複雜；
但目前的行政體制難免有各自為政、各行其是的現象，其結果勢難擺
脫政策失靈的後果。以橫向整合為例，能源稅、空汙費、節能減碳的
各式補貼、最佳可行技術的規範、總量管制、排放交易與綠電憑證
（renewable energy certificate, REC）交易等，無不亟須有效整合與調和，
以防國內政策過度管制的嚴峻挑戰和衝擊。

（六）減碳政策的影響評估方法亟需徹底的改造和創新

目前為主管機關執行減碳政策之影響評估的智庫以工研院能環所、台灣綜合研究院、台灣經濟研究院及核能研究所為主，所應用的評估模型則以能源工程／規劃模型（例如 TIMES）和可計算一般均衡（computable general equilibrium, CGE）模型（例如 TaiSEND、GEEMET、DGEMT、DSGE 等）。

TIMES 通常是在經濟成長率與產業結構外生化的情境下，以成本最小化為目標，並設定反映各式政策目標的限制式進行情境模擬分析，其理論與用途的適當性，自有檢討的空間。

CGE 模型在氣候變遷與節能減碳政策評估上的應用極為普遍；自從 1970 年代以來，CGE 模型在理論上已經有許多突破（包括不完全競爭、市場失衡〔如失業〕、技術汰舊換新、容納多元化的政策等）。不過，CGE 模型則囿於簡單的傳統理論，未能驗證理論合理性或與實務上的相容性（尤其是貿易、政府行為、不確定性、連續選擇與不連續選擇之關聯，和不完全執行等問題），因此，CGE 模型與 DSGE 模型都有必要在理論面進行徹底的改造和創新，始能符合能源科技發展與產業化的策略評估，主要的重點包括：[11]

（1） 確保行為假設的務實化

（2） 考慮未來新興的產業結構（尤其是第 4 次工業革命下成形

---

11 請參考黃宗煌（2017）、Huang（2017）。

中的技術和產業）

（3）人口結構與人力資本的變遷（包括少子化與老齡化）對財貨與服務之需求結構的影響

（4）檢討新興技術進步的驅動力和趨勢

（5）建立更合理的資本形成型態及投資決策理論（包括：研發投資、創新投資、汙防投資、人力資本投資、社會資本投資、環境資本投資等）

（6）考慮政策議題的外部性及其扭曲效果

（7）考慮相關之不確定性與風險（包括：供給與需求的不確定性、政策風險、價格風險、科技發展風險〔包括再生能源投資的成本與效益〕、氣候衝擊風險等）的來源及管理機制

（8）不確定性下的創新決策行為模型，尤其是模型動態化的機制（如預期、調適、交易成本等）

（9）考慮市場均衡與不均衡的特性（包括可及性）

（10）避免模型設定受限於資料庫（例如產業關聯表）的制約

（11）考慮巴黎協定（Paris Agreement）下的永續發展目標（sustainable development goals, SDGs）的新興議題（尤其是能源正義與跨世代的公平、產業轉型、綠色成長等）及其衡量指標

（12）整合不連續選擇模型（discrete choice model）與 CGE 模型

（13）加強總體經濟政策（包括財政及金融政策）與節能減碳政

策之間的關聯與整合

（14）加強不同模型之間的差異化與合理化的比較分析

即因政策評估模型尚有許多不切實際和亟待改善的缺失，因此，應用評估的結果難免造成政策誤導的結果。以享譽半天邊的 DSGE 為例，在全球金融海嘯之後，就面臨許多批判 [12]。重點是，發現或體驗了錯誤並不足懼，令人擔憂的是，不知錯從何處來，更企圖掩飾潛在的缺失或排拒必要的創新作法。

再生能源發展不是皇后的貞操，規劃永續性的技術發展路徑方為正道

蔡政府上台後已宣布 2025 年達成非核家園的願景，為推動能源轉型，亦已於 2017 年 4 月 24 日核定「能源發展綱領」修正案，與

12　在 2008 年發生金融海嘯之後，DSGE 的缺失也因此曝露無遺。許多學者都提出了批評，例如：（1）Willem Buiter（倫敦經濟學院教授）曾說，DSGE 過度地依賴完全市場（complete market）的假設，而且無法刻劃高度非線性之經濟波動的動態現象，使得總體經濟模型的訓練有點浪費公私時間與資源。（2）Narayana Kocherlakota（Federal Reserve Bank of Minneapolis 總裁）也體認到 DSGE 模型用於分析 2007-2010 期間的金融危機時，並不是很有用。不過，他也認為，此類模型的應用日漸改善，總體經濟學家也漸有共識，DSGE 模型應該融入價格僵固性與金融市場摩擦的機制。（3）Robert Solow（諾貝爾經濟學獎得主）甚至在美國國會於 2010 年 7 月 20 日舉辦的「總體經濟模型建構方法」的聽證會中，對 DSGE 模型做出嚴厲的批評。（4）Christoffel, Coenen, and Warne（2010）則認為，雖然 DSGE 非常著重於預測機能，但相關研究的數量仍屬有限，其預測結果也無法涵蓋金融風暴所經驗的狀況（尤其是長期蕭條）；不過，這種極端事件的確預測不易。

2008年的「永續能源發展綱領」不同的是，2017年的「能源發展綱領」並沒有訂出明確的節能減碳目標，以免再出現好高騖遠的目標而淪落實現無能之譏；惟發展目標已有修正，由舊有的三項增為四項（見圖1-18），刻正以不計代價的作為積極推動5-3-2目標，而各項再生能源的發展目標也在兩年內大幅躍升（見圖1-21）。

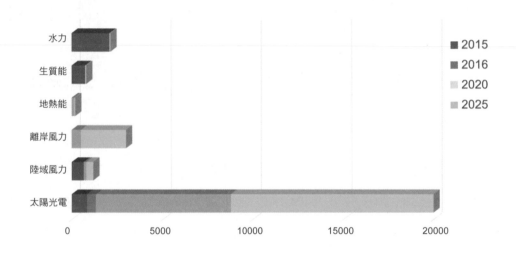

▲圖 1-21　再生能源累計裝置容量目標（MW）

資料來源：風能 4 年推動計畫（2017.12.21）

　　蔡政府如此激進的能源轉型為哪樁？我以為其目的不外乎表 1 所列八項。在這冠冕堂皇的背後，卻有許多啟人疑竇的問題；茲列舉數端如下：

表 1　發展再生能源之目的

1. 減緩化石能源危機的衝擊。	5. 吸引外人投資，扶植綠能產業，創造綠色就業，促進綠色成長。
2. 提高能源自主程度與能源安全度。	6. 減少能源進口，節省外匯支出。
3. 以再生能源替代燃煤，減緩環境汙染，亦有助減碳。	7. 再生能源發電技術進步快速，成本競爭力日增（今日不做，明日會後悔）。
4. 替代核能，實現非核家園的政治承諾。	8. 作為聖潔的政治鬥爭工具，據以醜化國民黨是阻擾再生能源發展的元兇[13]。

（一）發電的能源配比是根據什麼準則訂出來的？

　　我曾請教過許多學者專家此一問題，卻無一人可以精準回答。事實上，能源配比的研究，不僅國外文獻頗豐，國內也不計其數，例如第一期能源國家型計畫（NEP-I）以五年時間（2009 年至 2013 年）完成初步規劃。筆者在規劃 NEP-II 之初，曾擬針對再生能源發電的最適配比進行研究，但因能源局不支持而作罷，但同為計畫執行單位之一的核能研究所，晚近則結合台北大學李堅明教授進行相關研究；台電公司的電源開發方案（10302）也就我國 2025 年發電能源配比提出

13　見魏國浩，〈用錯誤的資訊阻礙台灣的能源轉型？國民黨真的是夠了〉，《自由時報》自由開講專文（2018-04-24）。

規劃，梁啟源等人（2015）在中技社支持下，提出《我國電力最適能源配比之探討》專題報告。然而，所有研究成果卻無一支持 5-3-2 的目標（見圖 1-22）；由圖 1-22 可見，蔡政府高估了再生能源與天然氣配比，棄置了核能地位，抹煞了核能的角色。

　　問題是：蔡政府為何完全否定國內諸多專業研究的規劃成果？是先前的研究不可信，抑或以風險意識凌駕專業科研？是以為主張廢核即可贏得勝選，還是寧為預防不確定的核能風險，而不惜犧牲更多確定性的社會成本？當然，筆者最不希望的是，僅由少數文青專家在辦公室抄襲國外研究成果而提出的荒謬主張（如圖 1-23 所示）。

　　筆者在第十四屆 IAEE 歐洲能源會議中，從理論上分析最適組合

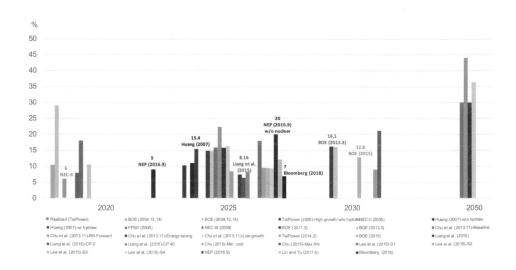

▲圖 1-22　國內關於最適能源配比的規劃成果

資料來源：筆者彙整製圖

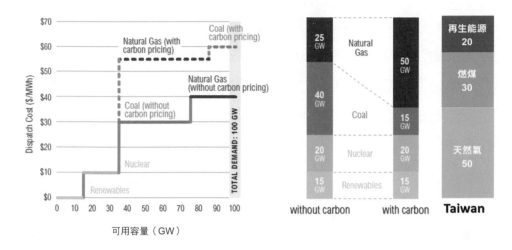

圖 1-23　台灣的發電配比是不是這樣模擬出來的？

資料來源：Kaufman, Noah, Michael Obeiter, and Eleanor Krause（2016）；US EIA（2017）.

的訂定原理及其影響（特別是對產業的綠化和發展），我認為：最適配比的訂定需考慮許多因素[14]，包括：

- 發電的社會成本
- 資源的稟賦
- RD&D 的能力
- 技術與設備的自製率
- 能源科技發展風險，包括技術風險、經濟風險、政策風險等
- 決策者的風險趨避態度

14　見 Huang et al.（2014）。此外，Carraro et al.（2013）考慮了天然氣的發展目標及其價格的波動性不確定性，建立一個理論模型，說明如何訂定發電之再生能源。這是一篇頗有參考價值的論文，但國內的相關研究卻未能重視。

- 可接受的評估模型和決策準則

　　核能為國內的基載電力提供不可忽視的貢獻，但在立法院占絕對多數的民進黨堅信反核與選票的正相關，不獨反核四，還一度禁轉核二廠的機組，更罔顧在野的聲音[15]與國外經貿組織的觀點[16]；反核團體也提出如雷貫耳的警聳標語，例如：「用愛發電」、「我是人，我反核！」、「不會缺電」之說更是充斥某基金會的網頁版面[17]。

　　新政府上台之初，台灣綜合研究院黃董事長曾率全院一級主管當面向一位政委指陳全台大停電的危機；許多專家在台灣綜合研究院與台灣環境與資源經濟學會於2016年12月下旬聯合舉辦的政策論壇中，也曾語重心長地提出警訊和建言，無奈蔡政府似乎被「非核家園」的

15　新任工總理事長王文淵上任演說（2018.4.17）提出「五大憂心」，直言「以綠能取代核電、以天然氣取代燃煤發電，將對電力穩定供應造成風險，不利經濟發展。」立委王惠美質疑，經濟部強調未來綠能發電占比要達兩成，「為何不能入法？」能源局長林全能解釋，如用發電量來入法，「執行上會非常困難」，因為綠能發電會受到日照、風力、水情條件等影響。立委陳超明也提案增加「究責條款」，如果綠能裝置量未能達到目標量八成，要有相應罰則。

16　美國商會表示：「台灣目前的核能發電欲過渡到未來的發電來源，其間的轉型必須審慎管理，畢竟既有核能電廠的新增發電成本低，而替代電力來源勢必會產生新的投資成本。儘管轉型到後核能時代的燃料組合十分重要，但若實施方式過於僵化或過於倉促，缺乏明確的替代計畫確保供電成本的競爭力、可負擔性及可靠性，將可能會損及台灣的經濟發展。」彭博（Bloomberg）資訊也指出：台灣再生能源擴張目標訂得過高，既要廢核又要減碳，遙不可及；投資金額難達標，技術與供應鏈無法配合。

17　蔡總統的能源智囊團隊曾說，「電力備用容量率由15%降為10%也不會缺電。」（見邱銘哲〔2014〕）綠色公民行動聯盟副秘書長洪申翰表示，核四發電量僅占6%，廢核對電價影響有限；綠盟並主張，核四不商轉，核一、二、三儘速除役，甚至減少使用燃煤電廠；只要政府積極採行節能措施，抑制用電成長，提升產業能源使用效率，並提升再生能源，台灣根本不會缺電。

理想所禁錮，過度偏聽偏信，醉心「用愛發電」的夢幻理想。結果是：全台果真面臨缺電危機，並見荼害國家與產業競爭力之實；躁進的非核政策，畢竟是為預防不確定的風險而創造更多確定的問題，也是主政者偏重並任憑反核團體的主觀風險意識凌駕專業研究的後果，更是用以作為政治鬥爭的手段之一[18]。凡此皆非安邦富民的良方。

台灣承受缺電衝擊的脆弱度極高，不僅影響產業發展、國計民生及生活品質，更能遏阻外人直接投資。中華經濟研究院（2017）早已評估出台灣各產業部門之邊際缺電成本，整體製造業平均高達 34.4 元／度（金融保險業則高達 253 元／度）；這是支持不惜以高代價發展再生能源的依據，還是凸顯廢核之缺電的風險成本不可小覷？

（二）離岸風電的發展目標與躉購費率是否有不願面對的真相？

蔡政府為了彌補廢核所造成的電力缺口，不得不提高再生能源配比，以超高的躉購費率吸引外商來台開發離岸風電，並無所不用其極地在全台推廣太陽光電（包括農地種電、水體浮動發電、違建屋頂光電等）。

關於再生能源的發電配比，在過去的全國能源會議早有議論，如今配比一再翻升，是立基於「他國能，我們為何不能」或是「輸人不

---

18 一個小事故顯露民眾對能源政策的意識形態：2015 年，作者在高雄國賓飯店主持「能源統計制度國際會議」時，整個飯店忽然停電，中止了會議進行；會後外賓問道：「五星級飯店怎麼也會停電？」有人立馬搶答說：「這是政府恐嚇民眾缺電的技倆！」

輸陣」的堅強自信意志嗎？從千禧年伊始至今，再生能源的發電占比不足 2%（見圖 1-24），在未來的六一七年光景，要提高至 20% 所可依賴的利基是啥？是我國擁有世界最佳的風場；還是憑藉至高無上的躉購費率；還是為了落實表 1 所列的各項目的？

令人困惑的是，如果我國的風場是最佳的，何以躉購費率卻遠高於國際水準？我將可能原因歸納如表 2 所示；究竟真理何在，主政者恐須捫心自問，但願仰不愧於天，俯不怍於人！

具體而言，台灣發展離岸風電的問題有如下數端：

- 躉購費率偏高，社會成本大於社會效益
- 大都為了賣電給台電，賺取躉購的超額利潤，少有自用
- 不符減碳的成本有效性原則（cost effectiveness principle）

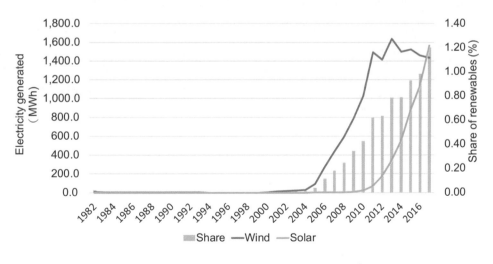

▲圖 1-24　我國再生能源發電量及其於總發電量之占比

表 2　我國離岸風電之躉購費率遠高於國際水準的可能原因

正面表列	負面表列
● 實現競選承諾，落實非核家園願景。 ● 達成發電的能源配比（5-3-2）承諾。 ● 發展綠色產業，創造綠色就業，促進綠色成長。 ● 吸引外人投資。 ● 發展綠色金融。 ● 彌補廢核的供電缺口。 ● 高估離岸風電的成本。	● 決策忽略不確定性（uncertainty）的選擇價值（option value）與準選擇價值（quasi option value）。 ● 忽略技術進步的效益，並造成技術鎖定效果（lock-in effect），徒增發電成本。 ● 忽視 FIT 的負面效果（財務負擔、暴利、分配效果）[19]。 ● 忽視未來世代負擔高電價的公平性。 ● 創造貪腐的空間；在朝一日，海撈一筆[20]。

- 也不符合創造綠色就業的成本有效性原則

- 以遴選制取代競標制，創造貪腐弊端的空間

- 離岸風力發電也對太陽光電產業構成競爭

- 對環境、魚權、航道、安全及系統穩定性的影響

- 造成電價上漲壓力、因而衍生更複雜的能源三難（energy

19　見劉致峻（2014），梁啟源、吳再益、郭博堯、劉致峻（2004）等人早已指出，在折現率為 2.1955% 的情境下，FIT 的社會淨效益至 2030 年都是負值；換言之，偏高的躉購費率是肥了開發業者，瘦了用電大戶和普羅大眾。

20　根據 IEG（2014）的研究報告指出，企業面對的五大障礙因地區而有別；就東亞及太平洋地區而言，「貪腐」（corruption）位居榜首，其次依序為電力短缺、技術不足、政局不穩、稅率不公。

trilemma）問題

（三）扶植產業，創造就業，促進綠色經濟成長：
是幻想，還是錯誤的評估？

不可諱言地，「發展再生能源」是「扶植產業，創造就業，促進綠色經濟成長」的充分條件（sufficient condition），卻不是必要條件（necessary condition），更非具有社會效率的策略。

由圖 1-25 可以看出，我國的經濟成長率自千禧年以來，不僅表現低迷，不若往昔，更重要的是不穩定性驟增；再以人均國民所得的 GDP 彈性而言[21]，陳總統時代雖較歷史軌跡有所改善，但在第二任期內卻是有減無增！試問，國家增加的 GDP 何處去了？無怪乎薪資不漲，民眾無感。該彈性在馬總統任內雖稍見提升，卻屋漏偏逢連夜雨，遇上了全球金融風暴（見圖 1-26）。原本寄望蔡總統可以繼馬再創新高，無奈天不從人願，國人只能相忍為國，繼續做功德。

我國所面臨的這等經濟劣勢，除非領導人真正英明果決地安邦定國，為民造福，否則欲藉綠能產業發展，或執迷扶植綠能產業可以扭轉乾坤，無異是緣木求魚。

---

21 所謂「人均國民所得的 GDP 彈性」係指 GDP 每增加 1% 所成就之人均國民所得增加的百分比。圖 1-26 顯示陳總統任內所造成的衰退情勢。

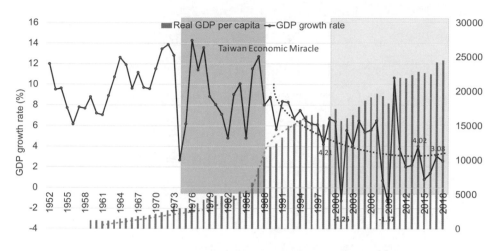

▲圖 1-25 經濟奇蹟不再，綠能產業難為救命仙丹

資料來源：筆者彙整製圖

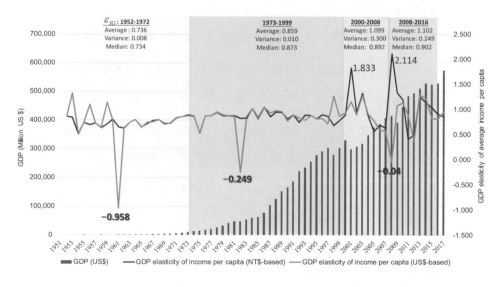

▲圖 1-26 國民所得的 GDP 彈性：政府治理效能的影響

資料來源：筆者彙整製圖

（四）廢核與減碳的矛盾

台大風險中心（2017）試算台灣不同發電配比的 CO_2 排放量，結果指出，馬政府讓核四商轉的穩健減核，最後產生的排放量比蔡政府非核家園政策還高。這個結論的隱喻是：用核電無助減碳。而此結果也讓不少人狐疑：怎麼算出來這個結論？因為有點「違背常識」。

其實，重點不在計算方式，而是基本的情境假設未必正確，加上部分主觀又一廂情願式的推論，才得到這個看起來違背常識的結論。呂紹煒（2017）曾指出多個錯誤，例如：根據彭博能源財經團隊的推估，2025 年時，台灣煤電占的比重要上升到 54%，綠電不到 10%。因此，台大風險中心是拿一個達不到的政策目標當計算標準來作比較，其錯誤不言而喻 [22]。

呂紹煒（2017）也指出，台大風險中心的第二個大問題則是該計算竟然全盤接受了民進黨非核家園的可行性。該中心計算蔡政府 2025 年時發電比為燃氣約五成、燃煤三成、再生能源兩成。然而，已有不少專家高度懷疑台灣的再生能源能夠達到兩成，更何況民進黨現在推動綠能已碰到不少問題。至於燃氣要達到五成、燃煤三成，前提條件是要有足夠的儲氣槽，但實際的情況是中油第三天然氣接收站替代方案還在研議之中，也不無可能難產 [23]。

22　詳見呂紹煒（2017.11.22）。
23　詳見《中央網路報》（2017.11.23）。

（五）提高天然氣發電配比的成本問題

影響天然氣發電成本的關鍵首在於價格。世界銀行及 IEA 均預測未來的天然氣價格呈現上揚趨勢；而天然氣相對於煤的相對價格成長率未來也都是正成長；換言之，天然氣相對於煤是越來越貴，國際市場中的進口競爭亦將益發緊張。發電業者基於成本最小化的動機，自然要以煤替代天然氣，但能源轉型的發電配比卻是背離此一原則，因此，這是能源轉型提高發電成本的原因之一[24]。

台綜院（2017b）的評估報告指出，電價結構有逾五成為燃料成本，由現有發電結構轉行至低碳結構，將導致成本提高；2020、2025與 2030 年的發電成本預估分別為每度 2.22 元、2.99 元與 3.34 元。相較 2016 年，其漲幅分別為 13.85%、53.33%、71.28%。除了提高發電成本之外，天然氣高配比亦將提升價格與安全存量的雙重風險。如果政府是想藉此來減碳，其代價未免太大了！但不知政府何時才能體會並謹守成本有效性原則？

（六）羊毛還是出在羊身上，民眾準備好了嗎？

政府推廣再生能源發電配比達 20% 的決心甚為堅定，有事在必行的決心。這對墊高電價的影響，更甚於提高天然氣配比。各種證據

---

24 支持者一定會認為這是轉型的代價，也是降低及內部化燃煤外部成本的必要手段。言之有理，卻是欠缺效率的理念，如果政府一直秉持「不惜代價」的決策方針並忽視成本有效性原則，那真的需要全民付出更高的代價了，提高產業綠色競爭力也將是緣木求魚。

顯示，再生能源發電成本有明顯的下降趨勢，但並不代表我國未來的發電成本就可同步如是下降，因為政府所推動的躉購制度，賦予再生能源發電遠高於化石能源發電所需的價格，而且保證二十年，因此而衍生的負面效果實有多端，大致可歸納如下：

1. 電價勢必隨發電成本增加而上漲

由於躉購費率高於國際水準甚多，國內再生能源發電成本必然無法如前述般地樂觀，而且負責躉購的台電公司在承擔這筆費用後，可依法轉嫁終端用戶[25]。

2. 財政負擔龐大，躉購難永續，社會淨效益不如預期

政府支出亦將隨再生能源發電占比的提高而增加[26]，並因補貼而衍生為數不貲的「無謂損失」（deadweight loss）。再生能源發電所衍生的效益是否足以彌補躉購制度下政府補貼的財政支出和衍生的無謂損失，梁啟源等人（2004）、梁啟源（2009）均可供參考，惟劉致峻（2014）的評估結果早已顯示社會經效益不如預期，換言之，社會成本高過社會效益，不符再生能源發展的黃金原則（Golden rule）。

---

25 再生能源發展條例第 7 條已明訂，電業及設置自用發電設備達一定裝置容量以上者，依第一項規定繳交基金之費用，或向其他來源購入電能中已含繳交基金之費用，經報請中央主管機關核定後，得附加於其售電價格上。

26 陳立誠指出，蔡政府能源轉型是要花上 2 兆元增加綠電，並花上 1 兆元增加氣電，其能源轉型後果是每年電力成本將增加 2,500 億元（2017）。

3. 造成技術鎖定效果（Technology lock-in effect）、補貼匱效率之發電技術及產生劣幣驅逐良幣的後果

4. 造成電價跨世代負擔的不公平，成本與效益的分配效果（distributional effects）不符社會正義

（1） 迫使未來世代要承擔現世代所決定的高成本，並沿用匱效率技術。

（2） 大部分投資均以售電給台電公司為目的，貨幣收益的主要歸宿還是在於提供技術與設備的國外的開發商和投資者。

（3） 如果電價不能隨之調漲，將造成台電公司鉅額虧損；反之，則是全民買單，共同承受高電價的負擔。

（4） 所衍生的減碳效益既未能貨幣化，也無有效機制讓國人享受外部效益內部化的成果。

5. 過於積極的發展路徑犧牲選擇價值（option value）

鑑於技術進步將使成本快速下降的事實，復鑑於減碳效果對舒緩溫室效應的邊際效益有限，再加上投資淨效益頗具不確定性的情況下，過於急迫的投資決策，將犧牲延緩（保守）投資的效益，此即「準選擇價值」（quasi option value）[27]。

27　理論見於 Arrow and Fisher（1974）, Abel（1983）, Viscusi（1988）, Abel and Eberly（1996）, Pommeret（2002）, Episcopos（2002）, Sim（2007）等。相關研究在台灣誠屬罕見。

6. 急迫性的大規模投資，可能引發更大的貪腐

根據世界銀行集團所屬之 Independent Evaluation Group （2014）的報告指出，在東亞地區（包括台灣）推動綠色投資的五大障礙依序為：貪腐、能源短缺、技術問題、政治不穩定性、稅賦問題。鑑於台灣每一屆的總統都成為貪腐案件的當事人或嫌疑人，這一層顧慮和陰影，始終揮之不去。

7. 能源轉型目標 + 階段管制目標之社會衝擊不容小覷

相對於基線情境， 2020、2025、2030 年製造業附加價值分別下降 –0.29%、–3.63%、–15.89%。相對於基線情境，製造業附加價值成長率於 2020、2025、2030 年，分別下降 0.08、0.90、3.13 個百分點。

建議

（一）關於國家減碳目標與階段管制目標的建議

訂定國家減量目標時，應兼顧長期性、公平性、可及性及經濟衝擊等因素。因此，應優先考慮以下原則：

1. 體認短期減量目標的特性

如前所述，目前國內對於我國減量目標的主張，基準年與目標年之間的期程常限於二十年或更短的框架內，擬藉此表達善盡國際責任

的立場與善意值得肯定。然而，溫室效應是個長期問題，故不宜以短期操作來解決長期問題，更須體認設定短期性的減量目標有如下特性：

（1）力求在短期內減量並不足以導致立即及顯著的濃度下降。

（2）會造成「熱空氣」（hot air）的風險。

（3）比較缺乏成本有效性。

（4）難以符合公平性的目標。

（5）不能有效且充分地鼓勵長期的技術發展。

2. 體認長期問題與短期策略的平衡

減量策略應立基於客觀事實：

（1）氣候變遷是一個長期的問題（百年至萬年的尺度）。

（2）氣候變遷是一個全球性的問題，需要全球一致及調和的努力；單邊的自我約束不具成本有效性。

（3）化石能源仍將是未來幾十年的主要能源，再生能源的替代性有其上限。

（4）現有技術無法將大氣中的密度穩定在目標水準，要創新技術才有可能。

（5）不宜以犧牲經濟成長作為減碳的策略。

（6）因應策略宜以鼓勵性為宜（尤其是在短期內），不以處罰性為手段。

因此，在減量目標上要有長期性的規劃，在減量策略上則需顧及

短期與長期的平衡，特別是要考慮國內調整產業結構及能源結構的潛力、技術創新與擴散的速度等關鍵因素。從兼顧差別責任與公平性的角度而言，「收縮與收斂模式」是值得重視的減量模式；若以人均排放量作為減量標的，將各國人均排放量收斂的目標年設定在 2050 年，應是技術面、經濟面、以及公平面較為可行的作法。

3. 所需負擔之單位減量成本的合理性

目前我國單位減量成本遠高於先進國家，過於嚴苛的減量目標與期程，都將對我國產業競爭力與經濟成長造成不公平的負擔。故應考慮我國所須負擔之單位減量成本的合理性。

4. 秉持共同但有差別的減量原則

我國的排放量雖然排名全球第二十一位（以 2000 年之排放總量為準），但對溫室效應的貢獻度（可以 1950 年至 2000 年的累積量、或 GHG 濃度貢獻度、或溫升貢獻度等為指標）、（或減量的邊際效益）極微，排名將降到四十位以下，因此減量責任不能與其他排放大國相提並論。因此，在差別責任的原則下，任何減量目標的承諾，不應只以當前排放量的排名作為論責的基準，而應顧及我國之相對歷史責任（或對全球溫升的貢獻度）。

5. 國際合作應以最大化國家整體利益為原則

上述四項原則，是我國在因應溫室氣體減量議題上，最大化國家整體利益的必要準則。不過，兩岸之間的立場與堅持，勢必大幅降低達成上述願景的政治可行性。因此，兩岸應認真考慮共同推動「兩岸單一泡（bubble）」的合作模式，才能確保雙贏的局面。

6. 堅持預防原則（Precautionary Principle）

只要存在著嚴重的威脅或不可復原的環境損害，不能以「缺乏充分的科學確定性」作為延遲預防環境惡化的理由。

（二）關於加速產業轉型的建議

1. 落實能源價格及水價合理化，加速產業轉型。

2. 對企業的獎勵措施與政策工具應加整合，並建立重點發展之優先順序，誘發企業的研發投資和能量，確保國家與產業競爭力。

3. 修正採購法，降低交易成本，活化公營事業投資彈性，並促其多角化與加值化的經營模式。

4. 降低環境影響評估對企業投資的交易成本與不確定性。

5. 審慎評估中國一帶一路及我國南向政策對資本外移及產業競爭力的影響，建立雙贏的政策和執行機制。

6. 加強國際合作與人才養成，彈性化研發資金運用以加強國際合作，鬆綁技術人員的薪資管制，積極引進國外人才，並避免人才流失，

高級化就業結構。

　　7. 有效運用政府各類基金（包括國家發展基金），定期檢討執行績效，提升專利的附加價值。

（三）關於能源轉型的建議

　　1. 重視「五缺」的問題，任何管制或獎勵措施，都應通過成本效益分析。

　　2. 能源轉型目標影響層面甚廣，除了電價之外，還包括技術鎖定、補貼匱效率技術、能源三難（energy trilemma）、綠色競爭力、世代間分配效果的公平性等問題，能否達成「能源發展綱領」所揭櫫的四大政策目標，仍有疑問。目前的影響評估並不周延，必須在透明化的原則下，進行更全面的妥善評估。

　　3. 現階段以高於國際水準的躉購費率來發展離岸風電，其潛在的問題也很多，特別在投資成本與效益均具不確定性的狀況下，激進的投資不符不復原之資源使用的效率原則，也創造為數不貲的「無謂損失」。為避免我國淪為外國綠能科技的殖民地，現階段的重要性與必要性均有值得檢討的空間。因此，建議延緩離岸風電的投資期程和規模。

　　4. 不能以產業外移和犧牲經濟成長為代價作為克服缺電危機的策略，適當地調和各部會節能減碳的政策工具，促進其間的橫向與垂直整合。

5. 非核家園及能源轉型目標對於節能減碳、空氣汙染及綠色產業發展固然有貢獻，但所付出的代價卻很高，也很難符合成本有效性。因此，應該建立重新檢討的條件和機制，為未來的能源永續發展保留更大的彈性。

（四）關於取消化石燃料補貼的建議

1. 化石燃料補貼衍生諸多問題，理應取消，但宜兼顧適用對象優先性、時程及配套措施。

（1）補貼的基礎不易選擇，費率訂定不易。

（2）誘因效果是消極的，汙染者付費原則較被認同。

（3）干預市場機能，無法達到資源配置效率，衍生無謂損失。

（4）補貼導致若干夕陽產業苟延殘喘。

（5）補貼的環境效果堪虞。

（6）補貼導致技術創新鎖定效果，延緩科技創新。

（7）國際規範益加嚴苛。

（8）增加政府財政負擔。

（9）增加補貼的行政成本或其他行政弊端。

（10）補貼來時容易去時難，改革不易。

2. 取消後，可以轉為綠能補貼，但應兼顧政府支出中性原則，並建立合理補貼準則如下：

（1）目標正確（well-targeted）：確立補貼之目標。

（2）　效率性（efficiency）：避免導致市場資源配置無效率。

（3）　適當性（soundly based）：必須進行成本效益分析。

（4）　可操作性（practical）：政府可負擔及低行政成本。

（5）　透明性（transparent）：補貼資訊要公開。

（6）　時間性（limited in time）：訂定落日條款，避免被補貼者過度依賴。

此外，政府也應設計適當的、可操作的機制，使取消後所創造的外部效益能夠貨幣化和內部化。

3. 加強取消化石燃料補貼之影響評估。

4. 為精確評估我國的減碳效益，應同時從全球和國內的立場，加強評估「碳的社會成本」，避免使用沒有理論依據、甚至不合理的碳價作為計值基礎。

5. 無論何種形式的能源補貼，其結果是價格沒能反映供給的真實成本。低消費者價格導致過度使用、無效率的使用和能源浪費。較高的生產者價格鼓勵過度生產、高成本經營乃至缺乏競爭力。

6. 生產模式越來越趨向資本和能源密集型（非勞動密集型），補貼通常加重政府財政負擔，導致較高稅賦，由政府借貸取代私人投資和較高的外債水準。所有這些對經濟產出和增長有負面影響。

第二章

再生能源
在台灣該如何發展？

台灣發展再生能源的機會

杜紫軍　前行政院副院長

一、未來全球能源發展趨勢

（一）未來能源需求持續增加仍以化石為主

國際能源總署（International Energy Agency, IEA））測至 2040 年全球能源需求總量將持續成長，其中化石能源（煤炭、天然氣及石油）需求由 2017 年 11,292 百萬油當量，增加至 2040 年 13,139 百萬油當量，成長率為 16.4%；占比雖由 81.0% 降至 74.6%，但仍然為主要大宗。至於核能及再生能源（不含水力及生質能）需求量分別由 2017 年 688 及 254 百萬油當量，增加至 2040 年 971 及 1,223 百萬油當量，成長率為 41.1% 及 381%；占比則分別由 2017 年 4.9% 及 1.8%，增加至 2040 年 5.5% 及 6.9%，均呈現長期增加趨勢。

在全球發電結構方面，國際能源總署預測至 2040 年全球發電量亦將持續成長，其中火力（燃煤、燃氣及燃油）發電量由 2017 年 16.66 兆度，增加至 2040 年 19.94 兆度，成長率為 19.7%；占比雖由 64.9% 降至 49.3%，但仍居首位。至於核能及再生能源（不含水力）發電量由 2017 年 2.64 及 2.25 兆度，增加至 2040 年 3.73 及 10.58 兆度，

成長率為 41.3% 及 184%；占比則分別由 2017 年 10.3% 及 8.7%，調整至 2040 年 9.2% 及 26.2%，核能比例略為減少而再生能源則增加。

（二）應依自己資源條件訂定再生能源目標

美國、英國、德國及法國因為與其他國家電網互聯，自己發電過多或不足時，均可透過國際間電網出口或進口電力調節，因此電網可容忍較高比例之不穩定再生能源發電；歐洲北海風場佳且無颱風，適合發展離岸風力發電；德國因居於歐洲電網核心，跨國電力調度條件極佳，國家經濟良好民眾可以接受電價較高的再生能源；因此這些國家再生能源現有占比都已達到約 15% 或更高，未來至 2030 年積極目標占比更高達 40% 以上。

但類似台灣之獨立電網國家，例如日本及韓國，訂定再生能源未來占比目標時，則會考慮資源稟賦而相對保守，至 2030 年僅約20%。同時除德國外，其他歐美國家及日本、韓國仍然維持火力、核能及再生能源等多元發電方式，以確保供電穩定。反觀台灣，民進黨政府卻完全不考慮自己客觀及資源條件（獨立電網、土地狹小、缺乏自產能源、區域供電失衡），竟然訂出「2025 年核電歸零且再生能源達 20%」，根本無法達成的不合理目標。

（三）台灣能源供需及發電結構

2017 年台灣進口能源約占 98%，其中化石能源供應高達約 94%

（石油占 48.5%、煤炭占 30.2%、天然氣占 15.2%）、核能占 4.4%、再生能源僅占 1.7%。至於 2018 年總發電量約 2,736 億度，其中仍以化石燃料發電占 84.0%（燃煤發電占 46.3%、燃氣發電占 34.6%、燃油發電占 3.1%）為主、核能發電占 10.1% 居次、再生能源發電僅占 4.6%（水力發電占 1.6%、廢棄物發電占 1.3%、太陽能發電占 1.0%、風力發電占 0.6%、生質能發電占 0.1%）、抽蓄水力發電占 1.2%。

顯示出民進黨政府執政近三年，因為要執行 2025 非核家園政策，貿然減少核能發電（由原約占 17% 減少至約占 8 ～ 10%）比例，而所產生之電力缺口則交由燃煤（汙染多）、燃氣（成本高）及燃油（汙染多且成本高）發電接手，結果是引起空汙嚴重及調漲電費等重大民怨，2018 年 11 月 24 日人民以通過以核養綠公投方式，正式否決了民進黨 2025 非核家園的錯誤能源政策。

（四）小結

依據國際能源總署分析預測，未來二十年全球能源趨勢仍將以化石能源供應為主，再生能源未來雖會大幅持續成長，但核能也仍然會穩定發展。各國應該評估自己各種資源及環境條件，必須審慎訂定合理再生能源發展目標，不宜躁進盲目抄襲他國。

台灣為獨立電網且規模小，現有商業化再生能源（風力發電及太陽光電）發電受天候影響非常不穩定，在技術及成本未有突破進展之前，台灣能源結構調整應該採取穩健作法，以確保國家能源安全及穩

定供電。

　　台灣能源自主率低，持續發展再生能源是正確方向，但要注意「Do things right.」比「Do the right thing.」更為重要。千萬不可因為要發展再生能源，而完全不考慮採用的方法是否可行？時程是否合宜？如果僅是盲目用政治思考來決定國家能源政策，將讓全體國民為錯誤的能源政策承受極為沉重但卻毫無必要的負擔。

二、台灣發展再生能源的機會

（一）生質能發電成長受到料源侷限

　　台灣都市垃圾分類回收系統完善，許多可燃物質（例如紙張、塑料），都已回收再利用，不能回收的廢棄物才進入焚化爐，而焚化爐發電利用率已達 96%，未來可以再增加發電的廢棄物料源極為有限。農工廢棄物發電利用率雖僅 53.5%，但剩餘料源多零星分散在各地，收集困難且成本高，無法真正產生商業化效益。至於沼氣發電方面，也因料源（垃圾掩埋場及畜牧戶）來源有限，收集成本過高，全台發電潛能僅 31MW，對整體供電貢獻度甚低。

（二）各種海洋能發電仍在科學研究階段

　　台灣四面環海具有發展海洋能基本優勢，但由於世界各國海洋能發電技術仍多處於科學研究階段，距離商業化仍有相當距離及時間。

目前台灣在波浪發電方面雖已有企業投入研發，但屬於 20kW 小型 WEC 原型機進行海上測試；海洋溫差（OTEC）發電方面則有企業進行東部深層海水冷能 50kW 發電試驗，但因深層海水溫差有限，發電效果並不佳。

至於海流發電則是理論上可將巨大發電機投置固定在宜蘭海脊或綠島海域海床上，利用的深海洋流帶動水渦輪機發電。假設未來可以克服工程技術困難而成功商業化，此種發電方式將可提供不間斷的電力，有機會可以成為基載電力的來源。但由於目前僅屬於構想模型階段，要在 2025 年之前實現是不可能的。

（三）全球深層地熱開發技術未臻成熟

地熱發電依據地層深度及能源供應方式不同，可區分為淺層地熱及深層地熱，兩者完全不同，千萬不可混為一談。過去一般提及地熱發電（例如，宜蘭清水、菲律賓、夏威夷等），均係指從地下 1,500 至 3,000 公尺高溫含水層抽取熱水或蒸氣，以溫差交換成為熱能進行發電的方式。由於是直接抽取地下熱水或蒸氣，常因地下熱水層蓄水總量有限，致使發電總量受限；加上地下熱水高礦物質含量常常造成管線結垢，使得出水量逐漸減少，每個發電井的經濟效益較低。

深層地熱則是指開發地層深度 3,000 公尺以下的高溫乾燥岩層，利用類似頁岩氣的開採技術進行水平鑽探形成大面積人工裂隙，從地面注入井注入冷水，利用地下人工集熱層吸收熱能，再將熱水從生產

井抽出，進行熱交換發電。由於是由地面注入水再抽出，不會像淺層地熱會有出水量枯竭的疑慮，也較不易有結垢的問題。同時由於深層地熱熱源更充足，可以長時間連續發電，未來有可能成為台灣未來重要基載電力來源。但問題是目前全球對於地層深層水平破裂技術仍有待突破，根據美國能源署估計，最快要到 2025 年至 2030 年始能成功商業化，因此台灣要引進技術開發深層地熱發電，勢必俟 2035 年至 2040 年才可能有機會。

（四）風力及太陽能發電技術較為成熟

台灣地居亞熱帶，陽光照射時間較溫帶為長，理論上確實較適合發展太陽能發電。但因國土面積小，山地及森林比例過半，平地又以農業耕作為主，地狹人稠且建築物屋頂違法構造物充斥，因此除農業用地之外，適合設置太陽光電板所需較大面積且設置成本較低的地點不足，因此與農田、埤塘、濕地等爭地將是未來最大爭議議題。加上太陽能發電效率完全受天候影響，在台灣平均發電容量因素（Capacity Factor）僅約 14%，以設置費用換算發電成本是現有再生能源中最高的方式之一。但近年也因受惠於工業技術進步，太陽光電板生產成本逐年下降，發電成本已逐漸降低，惟未來使用壽命屆滿後之極大量廢棄物處理，仍是必須面對的頭痛問題。

台灣為鼓勵發展再生能源，採取對再生能源以固定費率躉購二十年的方式，因此如果越早在發電成本高的時候大量設置，就必須用越

高的躉購費率收購，將形成全民長期的沉重財務負擔。民進黨政府為大幅提高再生能源占比，希望在短期間內大量增加太陽能設置面積及發電量，將面臨違規使用農地、排擠糧食生產、併聯饋線基礎建設不及、電力穩定不足調度困難、躉購成本增加須調漲電價等多重困境。

台灣在苗栗至彰化沿海及澎湖地區是最佳風場，桃園地區為次佳風場，均適合建置陸域或離岸風力發電。但風力發電效率亦受天候影響，夏季無風冬季有風，白天無風晚上有風，平均發電容量因素約28%(陸域) ～ 35%(離岸)，其中陸域風電相對太陽能發電成本而言較低，發電能量亦較大。

馬前總統為推動風力發電，早已提出「千架海陸風力發電機」計畫，採取「先陸後海」策略，對技術較成熟之陸域風力發電，配合釋出公有土地，由台電及民間在台灣西海岸已興建超過三百架陸域風力發電機，但也曾因風力發電機過於密集，設置位置接近村落民宅，多次引發居民對於安全、噪音、眩光等問題之抗爭。另由於台灣地區每年均有颱風及東北季風侵襲，施工時間受限，加上離岸風力發電機抗風性能尚待較長時間實境測試、海域生態(白海豚)保育、漁業權補償及環評仍有爭議等因素，乃先執行三個示範海域風力發電場計畫，俟確認上述顧慮均無虞之後，再擴大全面推動。同時產業部分也希望藉此示範期間，建設重件碼頭，輔導國內企業在水下基礎、電纜及連接電力設備等之開發生產能力及建立施工維運船隊能量。

但民進黨政府為達成 2025 非核家園政策目標，在準備工作尚未

妥善之前,即貿然提前全面開發海域風力發電,以大幅提高再生能源占比,除因高薹購費率已引起國內輿論反彈之外,亦將造成風機設置及財務的風險增加,或將危及國內銀行及保險體系。

(五)其他能源條件欠缺或仍待長期研發

北歐、加拿大等國由於水力資源豐沛且水力發電技術早已成熟,因此可以大量利用水力發電。台灣因山高河流湍急,雖然早年曾興建許多水庫,除提供全國總發電量約 2% 之外,亦是主要農業及民生供水來源。但近年因氣候變遷、淤積嚴重及環保抗爭,要再興建大型新水庫(包括抽蓄水力電廠)的可能性已相當低。至於在台灣西南海域或許還有機會的天然氣水合物(甲烷冰)新興能源,仍停留在小規模鑽探試驗;由於全球各國探採技術仍在研發中,要達到工程化及經濟規模開發的程度,恐怕至少需要二十年以上的時間。

(六)小結

台灣除太陽能及風力發電外,其他再生能源開發(包括生質能、海洋能、深層地熱、燃料電池等)、儲能技術及成本,短期內均難以突破及大規模商業化。

如欲達成民進黨政府規劃 2025 年太陽光電設置目標(屋頂型 3GW、地面型 17GW),將需要屋頂面積 1,200 萬坪及土地面積 25,500 公頃,但經過實際盤點後,短時間內真正可以提供的面積僅約 1/5,

顯見規劃目標不具可行性。同時太陽能及風力發電因發電不穩定，且位於中南部，對台灣如 2025 年廢核後，將出現基載電力不足及桃園以北缺電的困境，在解決缺電問題上毫無助益。

三、能源政策正確務實的作法

（一）必要的基本原則

　　政府應該誠實面對再生能源發電短期無法大量增加、發電不穩定、區域分布不均等事實，務實規劃未來發展目標，不可躁進而將全民曝露在缺電的風險中。

　　政府應考慮分散能源種類及來源，減少運輸及儲存風險，以提高發電配比的能源安全度。如果執意要 2025 年立即廢核，除因再生能源無法替代基載電力將導致缺電之外，並將產生過度集中在燃氣發電上，一旦供氣不及就會停電的極高風險。

　　PM2.5 及二氧化碳所產生的空汙問題已成為台灣全民公敵，政府在能源規劃時，絕對不能忽視國民健康及外部社會成本，應優先使用低碳能源。同時電價會影響物價、民眾生活、就業及產業競爭力，政府在思考發電結構配比時，應在能源安全及社會成本等合理範圍內，優先選擇成本最低的能源配比。

（二）正確的目標及作法

政府規劃能源轉型的目標，絕對不能違背國際能源總署所訂能源可取得、價格可負擔、供應不間斷的能源安全基本原則。全球各國無不將能源安全列為國家安全重要項目，因為一旦無法確保能源安全，將造成全民無能源可用、價格不具競爭力或過度波動等經濟和社會嚴重的負面影響。例如在 1973 年中東發生戰爭，禁止石油輸出，造成油價飆漲，因而美國 GDP 減少 4.7%、歐洲減少 2.5%、日本減少 7%；1979 年伊朗爆發伊斯蘭革命，接著兩伊戰爭，原油產量銳減，使得美國 GDP 減少 3%；2009 年俄羅斯與烏克蘭爆發戰爭，停止或減少天然氣輸出，造成至少十個歐洲國家國民沒有天然氣過冬。

環境基本法第 23 條早已明定「政府應訂定計畫，逐步達成非核家園目標」，因此馬前總統在 2011 年 11 月 3 日即宣示以「確保核安、穩健減核、打造綠能低碳環境、逐步邁向非核家園」作為能源政策目標。希望先確保核能電廠的安全，擴大天然氣發電占比，全力推動再生能源發展等方式，在確保不缺電、維持合理能源價格及達成國際減碳承諾三個原則下，推動穩健減核，逐步邁向環境基本法非核家園的願景，才是正確符合短期及長期國家能源安全的策略。

在此呼籲民進黨政府要放下政治思考，依照人民決定，遵從公民投票結果，考量再生能源技術、穩定、儲能及成本等因素，要取代現有基載電力尚需時日，在過渡期間應維持現有核能發電，俟未來再生能源穩定成熟後，始逐漸減少使用核能。

要知道，非核家園從來不是台灣人民爭議的重點，要 2025 年倉促達成才是真正問題的所在。

逐夢現實，以核養綠

王明鉅　前台大醫院副院長、台大醫學院麻醉學科教授

　　台灣是我們安身立命繁衍子孫的寶島。我們的土地在全世界兩百多國位居一百三十七名。台灣人口 2,358 萬人，在全世界排名第五十六名。但是台灣的經濟繁榮人均 GDP 依據國際貨幣組織統計，位居世界第三十五名。

　　但國人可能不太清楚的是，台灣的發電度數高居全世界第十八名，在每年發電超過 2,000 億度電力的國家中，台灣的人均發電度數是世界第三名，僅次於加拿大與美國。很明顯，台灣是個地小人稠又需要發出極多的電力，來維持經濟成長的國家。

　　能源是為了讓人民能夠生存與生活得更好，能源不能只是理想，能源更是必須攸關我們生活的環境、每個人的健康、國家經濟發展的重要基礎。我們更必須考慮能源成本的現實。台灣四面環海，98%的能源都倚賴進口。四周更沒有任何國家可以提供台灣電力，因此能源問題更直接關係到台灣全體人民的生存。

　　為什麼台灣要發這麼多的電？因為台灣的工業用電過去二十年一直在成長，目前台灣工業用電占比已經占所有電力的 56%。因為台灣要發展經濟，而且台灣經濟的主要動力來自半導體產業。2018 年台灣

的半導體工業出口總值高達 3 千億美元（將近 1 兆台幣），已經占所有出口值的近 1/3。而半導體工業很耗電。但是台灣在半導體工業上好不容易才在世界上占有一席之地，當然不能隨便放棄。

當我們考慮到了台灣地小人稠，又需要大量發電維持經濟發展的土地與經濟的現實之後，對於經濟與人民的動力——能源，當然必須要針對台灣本身的需求與條件，做出最適合台灣的選擇。

選擇能源時，要考慮五大因素

在選擇能源時，我們要考量的因素，個人認為至少應該有下列幾個：

1. 成本低廉：台灣能源幾乎全靠進口，當然越便宜越好。

2. 健康環保：台灣地小人稠，電廠無論是對人與對環境，造成的傷害當然越小越好。

3. 來源無虞：由於能源全靠進口，因此能源的來源與運送到台灣的安全與可靠性非常關鍵。事實上，台灣的核能電廠之所以發展，與 70 年代的石油禁運危機也有所關聯。

4. 供電穩定：台灣的用電型態相當固定，每年夏天用電量大、冬天用電量小，工作日比假日用電量大很多。一個典型的夏天用電狀況，工作日每天大約自上午 8 時前後，用電量開始增加，下午 1 點至 2 點間達到用電尖峰，然後緩步下降，直到晚上 8 點之後才大幅減少，凌

晨時分則達到每天用電的最低谷。因此當然希望電力是在需要用電的時候充分供應，不需用電的時候讓發電機休息，以做好每天、每季及每年的電力調度。

5. 能源廢料的處理：在思考各種能源配比時，對於土地面積狹小的台灣，能源所產生的廢料，包括排放至空氣中的各種汙染物，及相關發電設施無法發電時的廢棄物（例如太陽光電板）如何處理，或是核電廠燃料棒在使用之後，如何隔離與降溫，都是必須考量的重要因素。

台灣目前各種能源都在使用，從需要燃料的燃煤、天然氣、燃油、核能，到不需燃料的水力、太陽光電、風力發電，以及利用生質能與廢棄物燃燒，都是目前台灣電力的能量來源。在目前的電力能源配比中，燃煤發電占比46%最多，其次是天然氣（34.6%）、核能（10.1%）、再生能源4.7%（包括水力1.6%、太陽光電1%、廢棄物1.3%、風力0.6%、生質能0.3%）。

在考量各種能源特性及上述優缺點之後，才能針對台灣本身的條件與需求，做出最好的選擇與能源在電力上的配比。

「核能電力」對台灣至關重要

台灣是個海島國家，世界上其他較大經濟規模的海島國家，例如英國、日本、韓國，雖然也將在未來發展再生能源，但是這三個國家

沒有一個敢廢除核能發電。

英國 2030 年的電力占比中，再生能源發電 1,100 億度，核電也將發電 1,900 億度，再加上天然氣發電，但將完全禁止使用燃煤發電。

韓國總統文在寅在 2017 年上任前原本也強力反核，但在上任後接受了公民諮議機制的建議，繼續興建既定的核電廠，也在 2017 年底擬定了新的能源政策，未來核能發電占比也仍然超過 20% 以上。

日本是全世界唯一遭受原子彈核害的國家，更在 2011 年發生了芮氏規模 9 的大地震與大海嘯，更因而造成了福島核電廠的氫氣爆炸與輻射塵逸出圍阻體的汙染災害。但是即使如此，日本在全面停止核電廠運轉近兩年的時間之後，仍然決定重啟核電。從 2015 年到 2018 年底已經重啟至少九座核電機組，而且將在 2019 年至 2022 年再重啟另外六座。2030 年時，核電配比將達到 20% 至 22%，也將再重啟另外十五座核電機組。

2016 年民進黨政府上台之後，提出了 2025 廢核的能源政策，並且規劃將在 2025 年廢核之後，將電力的能源占比改變成五成來自天然氣發電，三成來自燃煤發電，兩成來自再生能源。這個能源政策提出之後，許多關心能源的學者專家早已不斷抨擊，甚至外國媒體彭博社（Bloomberg News）也早就認為，要在 2025 年將再生能源發電量發展到取代核能電力達到 20% 的占比，根本做不到。

經濟能源局甚至在 2015 年 11 月的聲明中，也同樣認為 2025 年再生能源要達成發電量達到 500 億度，是「遙不可及」與「不切實際」。

就在外界認為「2025 年要以再生能源來取代核能發電」是不可能的質疑下，經濟部能源局仍然一直堅持 2025 年廢核可能也可行。甚至直到 2018 年 11 月 21 日，也就是 2018 年大選與公民投票的前 3 天，在官網上所發布的「真相說明」中仍然強調，2025 年台灣的發電量是 2,774 億度，只比 2018 年的 2,680 度增加了 94 億度。從 2018 年到 2025 年的每年用電成長率將只有 0.6%。

在這個明顯低估的發電量需求之下，民進黨 2025 廢核政策中的能源配比，再生能源將由太陽光電發電 256 億度，由離岸風電發電 232 億度電。

我個人在過去一年中，不斷質疑這個數字嚴重低估台灣到 2025 年的用電成長與發電量。2018 年全年的發電量，真正數字是 2,736 億度。經濟部也對外說明，預估 2025 年的發電量將是 3,100 億度。這個數字比起 3 個月之前相同的發電量評估，整整提高了 350 億度。等於是兩座核四電廠的一年發電量。

台灣可以發展太陽光電，但不能為了廢核而硬要發展 2000 萬瓩的太陽光電

民進黨政府在大選與公投之後不理會公投要求 2025 不要廢核，應該續用核電的 589 萬公投民意。繼續「一切不變」地推動 2,000 萬瓩的太陽光電與 550 萬瓩的離岸風電。

雖然太陽光電在台灣的確可以發展，最重要的理由是，台灣夏季最熱那段時間中的尖峰用電量，正好也是太陽光電發電量最大的時候。但由於全年最多的尖峰用電就只有那一、兩個月，因此如果可以用適當面積的太陽光電來補足尖峰用電時刻的電力缺口，而不必因為這一、兩個月所缺少的 1、200 萬瓩而再多興建民眾所不喜歡的電廠，當然也可以算是既環保又划算的選項。

但是太陽光電的第一個重大限制與缺點是，需要大量的土地。台灣雖然夏天很長，但要利用太陽光電還要其他條件的配合。例如，不能有雲遮蔽，當然更不能下雨。台灣的太陽能發電狀況，每平方公尺面積每年日照時的發電量只有 900 度到 1,300 度，就以台灣規劃中的最大台電彰濱工業區的太陽光電廠來說，339,000 千片太陽光電板裝置容量 10 萬瓩，每年發電 1.3 億度，就需要 140 公頃的土地。

以同樣的太陽光電效率來計算，如果要達成太陽光電一年的發電量 256 億度，將需要 27,700 百公頃的土地，這已經等於是將一個台北市的總面積全部鋪上太陽光電板。這麼大的土地需求，對於土地可用面積本來就缺乏的台灣來說，當然更為困難。

也因為這個「2,000 萬瓩容量的太陽光電板」目標缺乏土地，於是在推動的壓力之下，政府不斷地放寬許多土地的利用限制，將埤塘、水庫、屋頂甚至公墓與珍貴的黑面琵鷺棲息地，也都不惜一切代價地拿來發展太陽光電。

如果台灣真的鋪設置 2,000 萬瓩的太陽光電板，依照目前的太陽

光電的發電效率，即 3 坪大的太陽光電板發電 1 瓩，台灣每平方公里的太陽光電板的密度將高居世界第一。這個世界第一也再次凸顯了台灣本身土地面積狹小，同時發電效率又短，每平方公尺只能發電 1,300 度以下的天然限制。

同樣 256 億度的電力卻只需要一座多一點的核四電廠（占地 480 公頃）就能發出同樣的電力，且還不會有下午兩點之後發電效率開始減少，夏天午後六點的用電量仍然很高，但卻已經沒有太陽光電可以利用的缺點。

更嚴重的問題是，大量的太陽光電板將造成環境的嚴重負荷。由於太陽光電板無論是矽晶或是薄膜太陽能模組，大部分的成分都是玻璃板、鋁框及太陽能電池等。這些成分雖然可以透過化學與其他各種方式來回收處理，但是如果台灣真的在 2025 年底前裝設 2,000 萬瓩的太陽光電板，那麼在 2050 年之前，台灣將產生超過 6,000 萬片，重量近 100 萬噸以上的廢棄太陽光電板。如此巨量的太陽光電板，又該如何回收？

雖然經濟部能源局與環保署已經在 2019 年，提出要以每瓩 1,000 元作為回收基金，並要求廠商在設置太陽光電板時，就先扣下當作基金。姑且不論這樣的金額是否足夠支應回收所需要的成本，對台灣來說，那些拆卸下來的玻璃板與鋁框要如何處理，將是更大的環境挑戰。

歐洲發展離岸風電，台灣就能跟著做嗎？

民進黨政府提出的 2025 廢核政策中，要以 20% 的再生能源來取代核能，除了前述提到的太陽電之外，更以 2025 年底為時程，以各種方式「極力」推動離岸風電。甚至在 2018 年 3 月，將原先所規劃的 300 萬瓩離岸風電的容量，更擴大為 550 萬瓩，而且全部要在 2025 年完成。

在 2018 年底的大選與公民投票中，589 萬人以同意票希望續用核能發電的民意之後，民進黨政府不但不遵從民意，從總統開始就明白地說「一切不變」。甚至還在 2018 年 12 月時，在一個月內讓許多政府部門及官員，以「合併兩次會議為一次」、「密集安排會議」的各種行政措施，來「協助」離岸風電相關廠商能適用 2018 年每度電高達 5.8 元的躉購費率。

550 萬瓩如此巨量的離岸風電，必須在六年內全部完成。德國花了九年，英國花了十八年才能達到的離岸風電容量，這麼急速又大量的作法，再加上台灣完全沒有相關技術與設備、人才，一切都必須倚賴外國廠商的條件下，相關離岸風電廠商的投資與海事工程的風險當然大增。殺頭生意有人肯，賠錢生意沒人做，於是就出現了在 2019 年 1 月底所訂定的 2019 年離岸風電的躉購費率，竟然高達每度電 5.5 元，而且將原先每瓩每年只有 3,600 小時適用躉購費率的上限，放寬到每年 4,200 小時。

在討論離岸風電作為台灣的能源選項之前，必須先釐清兩個重大問題，如下：

1. 台灣為什麼要以廢核作為發展離岸風電的理由？

2. 離岸風電能為台灣創造什麼效益？

民進黨提出「2025 廢核」作為發展離岸風電的理由，這是民進黨「反核」意識形態的政策。但很明顯地在 2018 年 11 月 24 日的公民投票中已經被 589 張同意票否決。保留核能發電，與發展離岸風電，並不衝突也不是對立的。台灣當然可以續用核能發電，也同時逐步發展離岸風電來保持全國電力的供應更為穩定。以 2025 一定要廢核作為 2025 之前一定要發展 550 萬瓩的離岸風電，不但完全不合理，而且是個作為前提的能源政策都已經被否決的情況下，硬是以目前執政所掌握的權力，進行專斷獨裁作為的作法。

對於離岸風電能為台灣創造的效益，經濟部能源局的說法是：「太陽光電可在夏天尖峰用電量大時，提供大量電力分擔系統負荷，風力發電則能在秋冬季節減少燃煤機組發電，剛好可搭配國內為因應中南部地區空汙議題進行的燃煤機組降載工作，未來假使風力發電量越多，燃煤機組需要發電的時間就越少，可有效改善中南部空汙問題。」

經濟部投入 1.7 兆買電，只是為了讓秋冬的空汙減少嗎？ 那繼續使用目前的核一到核三廠，同時啟動核四廠，不是可以讓空汙更少嗎？電費還可以便宜許多，更能避免風力發電時有時無，對於台灣這個獨立電網所產生的不穩定。

台灣和我們想學的德國、英國、丹麥最不同的是，它們全在西風帶上，可以利用北海與波羅的海來發展離岸風電。更重要的是，它們冬天最需要電來取暖，冬天的風力最大，可以來發電。台灣缺電的是夏天，但是夏天卻也沒有風，雖然是廠商自己花了大錢裝一千支風力發電機，卻仍然解決不了夏天缺電的問題。冬天不缺電，但是冬天風力大可以拚命發電，然後還要用每度電 5.5 元以上，比現在的 2.6 元電費貴兩倍以上，比核能電力每度 1 元更貴上 5 倍的價格賣給台電及台灣民眾。

　　更麻煩的是，台灣離岸風電目前的狀況也無法達到這種分散式發電的效果。因為無論是躉售或是競標的裝置容量，目前全部都集中在台灣西海岸的彰化及雲林地區，裝置容量高達 477 萬瓩，也等於是核二 200 萬瓩加上核四 270 萬瓩的全部發電量，全部集中在彰化與雲林的一片 2,500 平方公里的外海區域中。風場集中最大壞處是，如果那裡的風力很大，就能多發電；如果那裡風力很小，就全部少發電；如果都沒風，就發不了電。

　　風力不穩定的特性，將可能造成瞬間狂風大作、狂發電，然後沒多久就突然完全沒風、不發電的狀況。未來如果離岸風機全部完成併網之後，台灣的電力網絡等於是掛上了一個有可能突然暴增 300 萬瓩電力，然後又可能在幾分鐘之內突然遞減 200 萬瓩電力的「電力炸彈」。這些狀況在我們拚命想學的德國內也發生過。這麼可怕不穩定的「電力炸彈」，在未來的二十年中，無論是夏天或冬天，台灣用電

多或電少的每一刻都可能發生。

為什麼我們想學的德國、英國、丹麥，不會有這種問題呢？它們當然也會，只是它們已經把岸上與離岸風電風場都儘量分散，以避免所有的風機集中在同一區域，發生風車同時一起轉或是同時都不轉，因風力發電域太集中所造成的風險。即使如此，在這些國家中，這種「風電炸彈」的突發狀況仍然會發生。正因為如此，離岸風電用得多的德國與英國、丹麥也都要和其他鄰國，透過高壓直流電網連接，時時刻刻在互通有無，買電賣電。

有些人說，台灣夏天沒風，沒風就不會發電，沒發電就不必花錢買這些很貴的離岸風電。問題是，台灣最需要電的季節是夏天，但這時這些大風機卻常常不發電。等到冬天不缺電時，這些風機又老是會狂發電，拚命要把每度 5.8 元的電賣給台電與台灣。為了冬天的空汙，明明就可以使用目前的核能電力即可，為什麼硬是要廢核，然後花上四倍的電費，在電力充足的冬天花大錢買電呢？

地小人稠的台灣，在 2025 廢核之後，雖然已經花了 1.7 兆買離岸風電，卻仍然無法應付夏天的用電需求，必須要繼續蓋電廠，不斷增加燃煤及天然氣發電機組，來應付沒有風及太陽時的電力。這些一直增加的燃氣與燃煤機組，當然全部都要再多花錢。

繼續使用核能發電，不但照樣沒有空汙，持續使用二十年還可以省下 1 兆的電費。如此一來，台灣每年將多出 500 億，可用來發展各式產業與科技，或投入國內消費，而非拿去買電。這麼龐大的投資或

消費，不是能為台灣創造出更多產值與經濟成長嗎？

我不反對離岸風電，但我反對只為了基本電力，就投入如此巨大的電費，更何況，還會為台灣帶來電力更不穩定的風險。我更反對以扶植廠商為由，要求全國民眾以電費補貼。因為就算補貼，讓台灣擁有離岸風電，也不見得就有能力向國際輸出離岸風電。甚至在現實的國際政治之下，台灣更不可能在離岸風電國際競標的市場競爭中，打敗丹麥、德國、加拿大等，在離岸風電科技上遠勝我們的國家。

就如同台灣雖然有高鐵、捷運，但並不見得就有能力或有機會向國際輸出。我們可能和日本的新幹線或西門子、馬特拉等，競爭高鐵或捷運的國際競標案嗎？

台灣已經成為超高齡社會，未來二十年勞動力也將大減，能不能投入更多資源去發展更重要的人工智慧、物聯網、5G、生技製藥等新科技與新產業，是台灣經濟能不能繼續成長的關鍵問題。當我們光是為了發展風力發電與太陽光電，就花掉 2.7 兆之後，台灣還能剩下多少錢來發展這些新科技與新產業呢？低成本又穩定的能源與電力，絕對是台灣未來經濟發展中必須考量的最重要因素。

廢除核能，將傷害台灣的電力穩定

根據政府的計算，投入 1.7 兆給離岸風電可增加 2 萬個就業機會，且離岸風電產業「應該」會有國際競爭力。如果不廢核，不買那麼貴

的離岸風電，改為增加全民健保費用 1,200 億元，也能持續二十年。

全民健保只要連續二十年，每年增加 600 億費用，台灣的健康醫療產業在未來二十年，每年可以增加 5 萬個工作機會，且平均月薪加退休金達 10 萬元，比行政院公布的 5 萬元還高出許多。

如果未來二十年每年都要花 600 億元，第一年時，將 600 億用於完成核四一號機最後 5% 的費用，以及重新開始續建二號機的預算，讓核四龍門電廠能在 2025 前完全上路。至少一號機絕對可以完全取代深澳電廠兩部機組，一共 120 萬瓩的電力，讓大家能有無空汙的潔淨電力使用。之後將離岸風力發電重新招標，如果沒人來標，台灣也不會缺電。因為本來就會有沒太陽、沒風的時候，原本就需要有備用電力，再加上核四的 270 萬瓩的電力，更不會缺電。

第二年開始，600 億就可以用在促進年輕人的健康上（50 億）、中老年人的健康管理與疾病控制（300 億），像是鼓勵基層醫療團隊為腎臟功能差，或血壓、血糖、血脂肪過高的患者，做好疾病控制。若達到減重或戒菸等目標，就給予充分的誘因與獎勵，以資鼓勵。或者，亦可用於全民的疾病預防上（50 億），便不會因為沒錢而讓民眾施打三價流感疫苗，而是改打保護範圍更大的四價流感疫苗，也能幫更多老人施打肺炎疫苗。

我敢確定，若能如上實行二十年，絕對會降低健保支出的成長率。不但增加了 5 萬就業人口，台灣人民也會更健康，甚至可能讓每年全民健保的支出，從 2030 年需要的 1 兆 1 千億，減少幾百億甚至

上千億。當有了平均月薪 5 萬的 10 萬名就業人口，及 600 萬健康的中老年人後，大家才有精神、力氣吃喝玩樂，刺激國內消費與經濟。

　　如果這 600 萬名老年人都生病，都倒下去了，那台灣的內需市場還能有多少動能呢？我更有絕對的信心，台灣的醫療產業絕對比目前等於零的離岸風電產業，更有國際競爭力。只要有了這新增的 5 萬名工作人力，再加上生病人口大幅減少，各大醫院將更有可能向國際發展，真正向中國、東南亞甚至歐美招手，成為有足夠吸引力的國際醫療產業。

　　2 萬個就業機會算什麼？如果 1,200 億漲的不是電費而是健保費，如果不是給電力業而是醫療產業，不同的產業，我們能讓更多民眾邁向健康，讓台灣經濟更繁榮，以節省全民健保支出，減輕長照負擔。我們能做的事比 2 萬個工作機會更多。

　　2018 年底的公民投票，全國民眾已經用最明確的 589 萬張同意票，表達了 2025 續用核能的決定。很遺憾也很可惜的是，民進黨政府竟然完全不理會如此巨大的民意與聲音，仍然繼續以「什麼都不做」的擺爛方式，把黨意凌駕於民意上，遂行自己政黨的能源政策。這當然是完全違背了公民投票這個直接民主的錯誤與獨裁的作法。更可怕的是，其一直執行廢除核能電力的作法，將會傷害台灣的電力穩定，導致未來二十年電價大漲三成以上，對經濟帶來更重大的傷害。火力發電大增，空汙與碳排放更難解決，2025 缺電危機難解，離岸風電所造成的電網不穩，天天都有陰影。

如果這樣的能源政策真的走到底，2025 的台灣將是多麼可怕？

　　我並不崇拜核能，但現在的台灣與二十年內的台灣，明明白白地需要核能發電，來為所有的台灣人民提供便宜、清潔、無碳、穩定又無虞的能源與動力。我不知道我所期盼的台灣能夠續用核能，重啟核四的想法與主張到底能不能實現，但原本反對核能的我，現在卻越來越清楚地知道這是對台灣未來幾十年最重要的一個選擇。

　　我不崇拜核能，但台灣需要核能。

再生能源經濟分析

廖惠珠　淡江大學經濟系教授

　　小英政府上任後，為了履行非核政策目標，推展了不少能源政策改革。其中，積極開發綠色新能源頗具成效。為了達到 2025 年再生能源發電量占總發電量的比例達 20%，經濟部努力衝刺各項再生能源的發展。除了既有已相當成熟之陸域風力與太陽光電外，經濟部也努力推動離岸風力、地熱，及各式各樣的綠色新能源。但也因為衝刺過快而引發一些爭議與隱憂。以下分就三點討論，包括一、近年國際再生能源成長特快；二、再生能源成本多走跌；及三、台灣再生能源政策檢討，最後進行總結說明。

一、近年國際再生能源成長特快

　　圖 2-1 乃國際能源總署（International Energy Agency, IEA）所公布全球 2017 年至 2040 年能源需求增量圖，由此圖可觀得，相較於其他能源，未來再生能源的成長率，無論是先進或開發中國家，都遠高於其他能源的成長率。

　　利用圖 2-2 所示，四大再生能源在 2006 年至 2015 年發展走勢

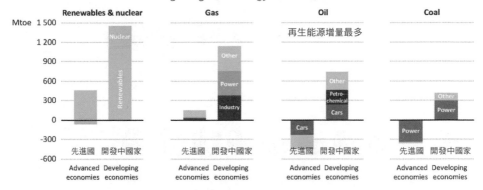

▲ 圖 2-1　全球能源需求增量圖 2017-2040

資料來源：WEO 2018- Presentation, 2018,IEA, p6.

圖，可了解為何國際能源總署會對再生能源公布出那麼樂觀的高成長走勢。圖 2-2 黃色部分代表太陽光電、綠色是生質能、淺藍色是風力發電、紅色部分則是地熱。圖 2-2 利用視覺化分析圖，小圈圈代表裝置容量較小，大圈圈代表裝置容量較大[1]。由此圖可觀得由 2006 年至 2015 年，國際再生能源增長特別快，其中，太陽光電與風力發電之成長速度最快。

二、再生能源成本多走跌

全球再生能源成長特快的原因，除了各國努力推動價格管理之

1　不同再生能源所使用的度量不一，以免畫不出太小數量之圖型。

全球 2006～2015 年前十大與其他國家太陽能裝置容量比例

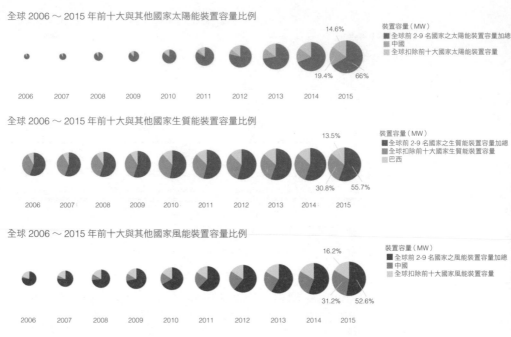

全球 2006～2015 年前十大與其他國家生質能裝置容量比例

全球 2006～2015 年前十大與其他國家風能裝置容量比例

全球 2006～2015 年前十大與其他國家地熱裝置容量比例

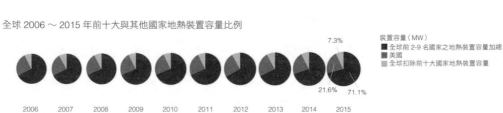

全球 2006～2015 年前十大與其他國家海洋能裝置容量比例

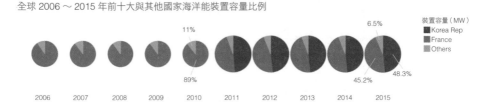

▲ 圖 2-2　四大再生能源十年來的發展走勢 2006-2015

資料來源：取自 Liao et al.（2018）

「躉購費率制度」（Feed in Tariff, FIT）與數量管理之「配額制度」（Renewable Portfolio Standard, RPS）等政策外，再生能源成本的走跌，實是最根本之要因。其實，絕大多數的生產行為皆有規模經濟現象。隨著先進諸國努力補助並善用各種方法來推動再生能源後，全球技術一再突破，生產成本也跟著不斷下降（參見圖 2-3 至圖 2-5）。

　　圖 2-3 顯示，大型太陽光電（PV）系統成本在 2009 年至 2025 年間的走勢，呈一路下滑的情形。借用圖 2-3 內的小圖，大家可清楚了解，整座太陽光電發電機組包括有多項設備，因而其成本大致

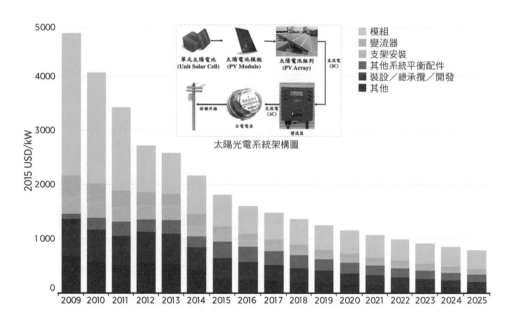

▲ 圖 2-3　大型 PV 系統成本走勢圖 2009-2025

資料來源：The Power to Change: Solar and Wind Cost Reduction Potential to 2015, 2016, IRENA, p13.

可區分為：模組、變流器、支架安裝、其他系統平衡配件，以及裝設／總承攬／開發與其他等項目。由圖 2-3 國際再生能源總署（The International Renewable Energy Agency，以下簡稱 IRENA）所繪製之趨勢圖，可觀得從 2009 年至 2025 年，太陽光電機組的每一項零組件的成本皆持續下降，其中模組成本下降幅度最大。

　　圖 2-4 與圖 2-5 亦顯示，無論是陸域風力或離岸風力的成本走勢也都一路下滑。不過風力發電量與風場大小、風場區位明顯相關。較大型的風場可享受規模經濟效果，因此可壓低設備成本。另外，風場區位也是影響風力發電成本的一大要因，風力夠大且經常有風，就可生產較多的電力，每度成本自然下降。再則，風場若鄰近住宅區就需支付噪音補貼，眩影影響農作物亦須補償農民，若影響漁民捕魚則須賠償漁民損失。圖 2-4 與圖 2-5 所呈現之圈圈代表不同的風場，一般而言，較大風場（大圈圈）的成本較低。另，圖 2-4 中不同顏色的圈圈代表風場位於不同的國別（或區域）。以陸域風電而言，北美地區（圖 2-4 土黃色圈圈）多地廣人稀，土地成本低且噪音環境補貼成本亦低，相較於其他地區，其裝置成本明顯偏低。值得注意的是，雖然全球陸域風電成本有下滑現象，但區域差異特大。圖 2-4 所顯示 2014 年之裝置成本，指出某些風場 2014 年成本仍高於其他國家 1990 年之成本。

　　圖 2-5 顯示離岸風電成本趨勢在未來年度也將一路下滑，不過，不同風場之均化發電成本（levelized cost of electricity, LCOE）差異很大。2015 年成本較高的風場每度近台幣 8 元，成本較低者，則低於台幣 3

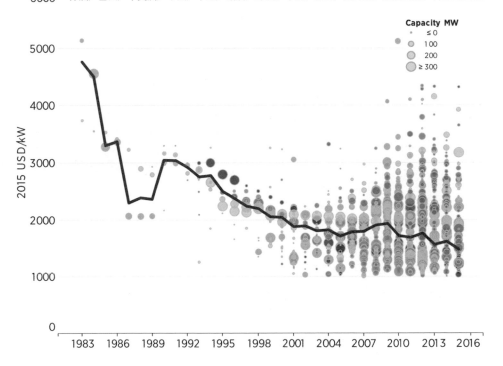

▲ 圖 2-4　陸域風電成本趨勢雖降，但區域別差異大

資料來源：The Power to Change: Solar and Wind Cost Reduction Potential to 2015, 2016, IRENA, p55.

元。均化發電成本是指，在電廠預期壽命期間內之每度電力成本，通常以每度美分（或百萬度美元）來表示。均化發電成本是一個事前的概念，常用來比較不同發電規劃案所需面對的平均發電成本。其方式是將一個電廠由一開始之興建成本至最終結束關廠之各項成本以折現概念均化後求出年均成本，再加上每年之維修費用等短期成本後，除

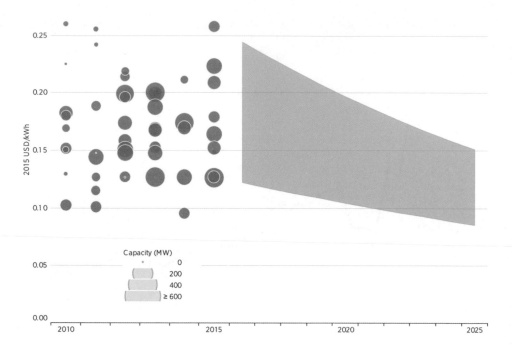

▲ 圖 2-5　離岸風電成本趨勢雖降，但區域別差異大

資料來源：The Power to Change: Solar and Wind Cost Reduction Potential to 2015, 2016, IRENA, p85.

以年平均總發電度數，而計算出來的成本。在國際電力經濟領域，經常以此成本來比較各式不同發電案之成本，以協助電廠進行合理之規劃案。另外，由圖 2-6 國際離岸風電開發的離岸距離及水深，與圖 2-7 離岸競標價格圖像可得知，近年國際離岸風電開發，有離岸越遠（公里）且離水面越深（公尺）現象；而競標案例多可取得較低的價格，圖中藍色部分約只有台幣 3 元。

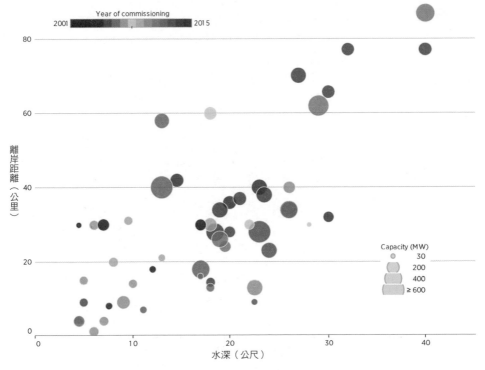

▲ 圖 2-6　國際離岸風電開發（離岸越遠且越深）

資料來源：The Power to Change: Solar and Wind Cost Reduction Potential to 2015, 2016, IRENA, p72.

三、台灣再生能源政策檢討

　　雖然以核養綠公投已通過，但目前政府能源政策方向，仍堅持發電占比維持燃氣發電占比 50%，燃煤發電占比 30%，而再生能源發電占比 20%。這樣的政策，除了燃煤發電會引發較多的空氣汙染與產生更多溫室氣體，不利因應氣候變遷問題外，對再生能源的發展也會產

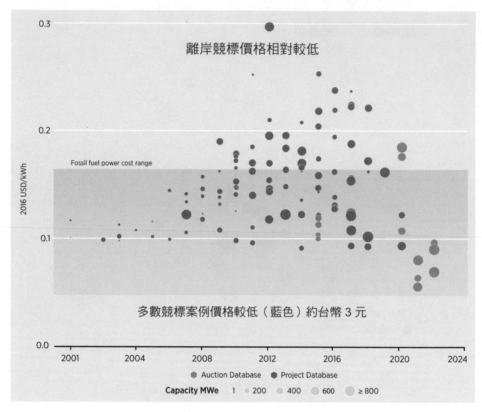

▲ 圖 2-7　離岸競標價格圖象

資料來源：Renewable Power Generation Costs in 2017, 2018, IRENA, p113.

生扭曲作用。以下分就現有再生能源政策、台灣再生能源將面對問題、國際因應再生能源發展問題之作法等三部分說明。

（一）現有再生能源政策

現有政府再生能源發展的著力特多，主要政策包括有四：

1. 積極多元創能、促進潔淨能源發展

相關部會全力擴大再生能源發展，擬於 2025 年，將再生能源的發電占比衝刺至總發電的 20% 以上。

2. 加速布局儲能、強化電網穩定度

在此一面向，除了改善既有抽蓄水力電廠設備、增加電力系統調度能力外，亦擬增建抽蓄水力電廠。

3. 推動智慧電網與智慧電表興建

責成台電布建智慧電表，積極完成關鍵通訊技術與模組開發驗證，讓都會區優先開設相關設施。

4. 培養系統整合，輸出國外系統市場

此一政策內容，包括有統籌綠能政策方向，整合產官學研資源而成立能源及減碳辦公室、推動能源產業科技研發與示範應用而建設沙崙綠能園區，以及推動國產化政策，建立國內太陽光電及離岸風力產業供應鏈。

檢視上述政策與相關策略，可發現目標良善，若運作順暢，確實可培育國際競爭力，從而出口賺外匯。至於，加速布局儲能、強化電網穩定度，以及推動智慧電網與智慧電表興建，則可彌補現有再生能源主力太陽光電與風力發電間歇性發電的不足。儲能系統可將多餘電

力儲存下來後，需電時再釋出；而智慧電網與電表，可即時偵測並調節電力的供需，隨時互通有無，平衡電網。目前整體再生能源發展特快，除早已成立能源及減碳辦公室外，沙崙綠能園區也已建設到相當程度。此兩大機構也帶動儲能、智慧電網與電表，以及其他一些再生能源的發展。較明確行動計畫包括有[2]：

(1) 太陽光電兩年推動計畫擬達成併聯 1,520MW 目標。

(2) 積極推動綠能屋頂全民參與方案，109 年達成屋頂型設置 2GW 目標

(3) 積極推動產業園區擴大設置工廠屋頂型太陽光電，109 年達成 1GW 目標。

(4) 已完成遴選及競價之離岸風場開發設置 5.5GW，將如期如質推動於 2025 年完工併聯發電。

表 1 是能源局所公布之各項再生能源的發展現況與目標。由此表可知，再生能源發展未來的主力是太陽光電與離岸風力發電，原先規劃擬於 2025 年將太陽光電衝刺至 20 GW，離岸風力發電 3 GW。目前離岸風力發電目標則已上修至 5.5 GW（如表中括弧內所示數據）[3]。

2　詳經濟部能源局網站 https://bit.ly/2U65OIh。（擷取日期：2018 年 7 月 16 日）
3　最新消息顯示離岸風力發電目標，今年又再上修至 5.7GW。詳 https://tw.appledaily.com/new/realtime/20190322/1535708/（擷取日期：2019 年 4 月 1 日）。

表 1 各項再生能源的發展現況與目標

項目	再生能源裝置容量（MW）			再生能源發電量（億度）		
	2016	2020	2025	2016	2020	2026
太陽光電	1,210	6,500	20,000	11	81	250
陸域風力	682	814	1,200	15	19	29
離岸風力	0	520	3,000	0	19	111
地熱能	0	150	200	0	10	13
生質能	727	768	813	36	56	59
水力	2,089	2,100	2,150	66	47	48
燃料電池	0	22.5	60	0	2	5
總計	4,708	10,875	27,423	127	234	515

資料來源：經濟部能源局

（二）台灣再生能源將面對的問題

雖然多數人認定再生能源是綠色，對環境有益的能源，且可提高自產能源比例，有利國家能源安全，但再生能源的發展仍面臨許多問題，如智慧電網議題與各項再生能源裝置設施，是否可如期完工，以下羅列幾個較常見的挑戰：

1. 環境衝擊不利再生能源發展

審視各項再生能源可發現，每一種再生能源都會以各自的方式破壞環境。例如風機運轉時可能會發生葉片掉落傷人事件，或造成眩影、

噪音而干擾附近民眾或牲畜；而太陽光電板上的薄膜生產時可能汙染水源，架設在埤塘上的太陽光電板破壞既有魚鳥生態，許多民眾也不喜歡太陽光電板反光所形成的刺眼現象；至於生質能則常有惡臭，環境衛生不良情形，連最乾淨的水力發電也會破壞河川生態，或是水庫產生甲烷溫室氣體。因此，規模較大的再生能源開發案，都要經過環保署的環境影響評估審查，某些審查曠日費時，再生能源發展速度因而受限。

2. 離岸風力爭議

2018 年是台灣離岸風力發電大躍進的一年。先是遴選，後是競標，共計釋出 5.5 GW，詳見表 2。也因為進展太快，而引發第一階段遴選以每度電 5.8 元的高價簽約 20 年，預估要支付超過 1 兆 3000 億元的質疑。另外，離岸風電開發商亦須面臨台灣海峽高溫易侵蝕設施，且多颱風等異於北海海象的環境；另國內基礎設施不完備、銀行融資制度不明確等風險，亦須協助政府及金融業等相關單位建立離岸風電設置流程及國內基礎設施之義務。凡此種種，皆須支付較高之費用。

3. 間歇性發電問題仍待克服

依目前政府多方的努力，再生能源或許可達到發電占比 20% 目標，但是如果不克服太陽與風力間歇性發電問題，仍然會產生斷電，造成電力供應不穩定現象。圖 2-8 是 2011 年全台風機 8,760 小時發電

表 2 2018 年經濟部離岸風力遴選與競標開發商與風場相關資料

開發商	風場名稱	所在縣市	遴選容量（MW）2018/4/30 公布	競標容量（MW）2018/6/22 公布	競標價格（台幣元／度）
德商達德	麗威 #2	桃園	350		
	允能 #9	雲林	708		
上緯＋澳洲商麥格理	海能 #5-6	新竹	378		
丹麥商沃旭	大彰化東南 #2	彰化	605.2		
	大彰化西南 #3	彰化	294.8		
	大彰化西南籌備處	彰化		337.1	2.548
	大彰化西北籌備處	彰化		582.9	2.5481
加拿大商北陸電力	海龍二號 #4	彰化	300		
	海龍二號籌備處	彰化		232	2.2245
	海龍二號籌備處	彰化		512	2.5025
丹麥商哥本哈根基礎建設基金	西島 #5	彰化	48		
	彰芳 #6	彰化	552		
台電	台電 #26	彰化	300		
中鋼	中能 /6#8	彰化	300		
合計容量（MW）			**3836**	**1664**	
			110-114 年完工併購	110-114 年完工併購	

資料來源：能源局公告資料整理而得；另開發公司由網路資訊查得
備註：2018 年躉購費率為每度 5.8498 元

狀況。2011 年時，全台陸域風機約三百座，但由此圖可觀得，在某些時點，前一小時台灣風力發電供應還幾乎滿載，但下一小時卻可以下降到幾乎為零。德國在 2011 年間，斷電超過 20 萬次之案例主要根源

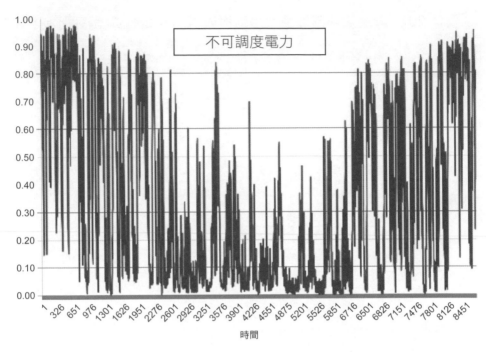

▲ 圖 2-8　2011 年全台風機 8760 小時發電狀況

資料來源：台灣電力股份有限公司

就是風力發電的不穩定 [4]。因此，2025 年就算有足夠的再生能源裝置
容量，但太陽光電與風電這種不穩定之電力供應，也很可能無法達到
發電占比 20% 的目標。

（三）國際因應再生能源發展問題之作法

　　國際上公認太陽光電與風力發電皆屬不可調度之電力，解決此問

4　詳見 Quirin Schiermeier, 2013。

題最有效的方式，應是儲能系統、智慧電網與電表，以及需量管理等措施。惟儲能系統與智慧電網之建構，都是耗時耗錢的大動作，很難在短時間內衝刺出成績。

圖 2-9 是筆者取自國際能源總署之因應政策，該署指出，若一國太陽光電與風力發電，這兩種可變動再生能源（Variable Renewable Energy, VRE）占比提升至某一比例，該國就需提出一些因應的彈性措施。這些措施包括有，儲能設施如抽蓄式水庫（Pump Storage Hydro Power Plant, PSH）、智慧電網、需量管理、各式電廠（包括火力、核能、生質能、水力電廠）的彈性運轉，以及碳捕捉與儲存（Carbon Capture and Storage, CCS）等各種作法。

另外，在智慧電網的布建上，IEA 也發布了愛爾蘭智慧電網發展的路徑圖 [5]，該國擬於 2018 年全面布建智慧電表，2027 年完成電網，2030 年其國內擁有 60 萬輛電動車，而 2041 年風力發電將高達 10 億度以上。未來我國若擬強化智慧電網之建設，可多參考該國詳盡又清晰之規劃。仔細檢視 IEA 所公告流程圖，可發現愛爾蘭智慧電網的規劃善用今日視覺化技術，利用各種不同顏色與圖像繪出未來擬進行方向，如此，既可方便溝通理解，也有利後續之追蹤考核。圖 2-10 是德國一日的小時電價與太陽光電發電量，由此圖可看出，隨著德國太陽光電發電量占比的日益提高，中午已不再是德國小時電價的最高峰，

---

5 詳 How 2 Guide for Smart Grids in Distribution Networks: Roadmap Development and Implementation, IEA , 2015, p40。

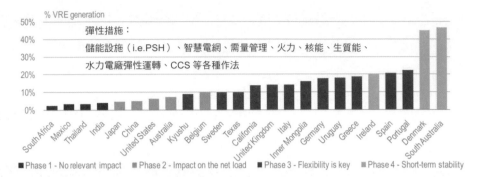

Note: Kyushu is a large island located in southwest Japan.

Source: Adapted from IEA (2017c), *Renewables 2017: Analysis and forecasts to 2022.*

Key point • While most countries of the world are in Phases 1 or 2 of system integration, a variety of power system jurisdictions are experiencing later phases.

▲ 圖 2-9　各國 VRE 占比對電網之衝擊，及可因應作法

資料來源：Status of power system transformation, IEA,2018, p22.

近年德國再生能源占比日增，最高電價已由中午移至傍晚

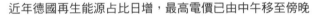

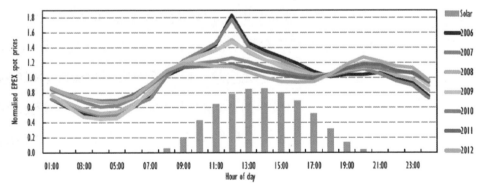

Notes: solar shows indicative average generation profile. Spot prices are normalised to average market prices and shown for summer months.

▲ 圖 2-10　德國一日的小時電價與太陽光電發電量

資料來源：The Power of Transformation 2014,IEA, p33.

2011 年與 2012 年，德國小時電價的最高峰已移至午後。

結語：以核養綠可幫助再生能源發展得更平順且更穩妥

國際再生能源未來將快速成長。目前我國政府也積極發展中。雖然政府積極推動再生能源是個正確方向，但考諸國際實情與諸多先進國家慘痛的案例，政府推動再生能源，不應以「2025 年一定要達到非核家園」的既定前提來自我設限，而應以全民最大福利來考量。目前再生能源的成本雖已多下降，但國際資料顯示 2025 年至 2030 年間，再生能源及儲能（見圖 2-11）與智慧電網相關設施的成本將繼續下滑。

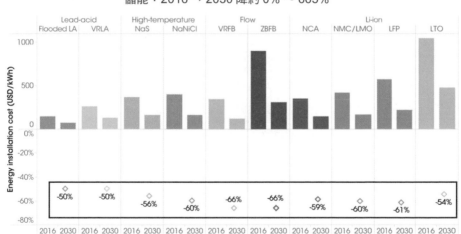

▲ 圖 2-11　儲能設施成本比較（2016 年對比 2030 年）

資料來源：Eletricity Storage and Renewables: cost and markets to 2030, IRENA , 2017, p100.

如果政府可以緩下腳步，充分尊重目前民眾以核養綠公投之意見，相信以核養綠可幫助再生能源發展得更平順且更穩妥。

　　國際上一些先進國都把充分審視而認定安全之核能電廠由四十年之運轉時程，繼續延役至六十年。我國除應考量核四之運轉外，也可思量既有老舊電廠之延役，方可善用未來再生能源成本走跌之趨勢，以降低民眾電力支出的負擔。

第三章

核能
為什麼台灣需要？

核，能不能？

廖彥朋　以核養綠公投發起人、中華民國醫學物理學會理事

輻射可怕嗎？

多數反對核能的人都來自於嚴重的「恐輻情結」，當然我也覺得把所有問題怪罪到他們缺乏輻射知識又愛煽動恐懼的行為上是不太公平的，畢竟輻射安全教育還沒有納入國民教育課綱中，但是在理解核能問題以前，不先弄清楚「輻射是什麼」是不行的。

我們一般談到的輻射，在學理上更精確的說法叫做「游離輻射」，是一種帶有高能量的粒子或電磁波，因為能量高，所以能與物質產生交互作用，在人體中會造成自由基的生成、造成 DNA 斷鍵，如果只有單鏈受損，DNA 會自我修復；如果是雙鏈受損，可能造成細胞死亡、凋零、異變或癌化。如果現在立刻做民調，可能八成民眾會以為我前文所說的四種效應中，機率最高的是癌化，事實上，在絕大多數的情況下，人體被低劑量輻射照射後並不會發展成癌細胞。

有些學習過「初級輻射防護」的人會聽過「線性無門檻模型」，它的意思是指，我們在輻射防護業務中，通常會假設輻射的致癌機率與劑量大小成正比，也就是說，輻射劑量越高、致癌的機率越高。這

件事情的另一面本來應該是「輻射劑量越低、致癌機率越低」，如此光明正面的意義，但是輻射防護基於實務應用的便利性，我們採用「機率效應沒有低限劑量」的保守假設，然而這個假設自廣島長崎原爆事件至今從未在科學上看到這個現象，甚至在一些細胞研究中顯示，低劑量輻射反而能使細胞更抗癌（稱作「激效」）。

很遺憾的是，這個防輻實用觀念卻長期被一知半解的人拿來錯用，主張只要有輻射就會致癌，完全無視科學、臨床證據，這當然是因為販賣恐懼是一門好生意，只要有愛民、愛鄉土的台灣價值，什麼學理依據都是多餘的。

輻射真的可怕嗎？這個問題其實就跟「菜刀可不可怕？」是相同的假議題。受過訓練的人可以用菜刀切菜、製作出美味佳餚，但是菜刀也可能成為開膛手的殺人凶器，水可載舟亦可覆舟，端看使用者如何善用而已。

核災風險不能承擔？

有些人提出一種反核的謬論，叫做「我不反核，但是我反對核電在台灣」，理由不外乎就是「台灣土地太小，核災不可承受」，這樣的論述乍聽之下有三分道理，事實上是狗屁不通。

這種想法的基礎可能來自於「莫非定律」（也就是「凡是可能出錯的事就一定會出錯」）以及「黑天鵝效應」（也就是「極不可能發生，

實際上卻又發生的事件」）的情境交疊，但事實上，不論是系統工程中，我們對於世界現象的預測都必須考慮其發生機率，而這個事件也必須是歷史上曾經出現過的，我們無法預測從未發生過、或無法依現有資訊推測的事件，相反地，只是要發生過的事件，我們都能用系統工程的方法降低其發生機率或減輕損害。

說到這裡，我們就不能不談到風險。一般在學術上所談的風險，是指發生機率與損害的乘積，並且是在特定條件下才成立的期望值，最主要的用途是作為跨項目的優劣比較依據，其中發生機率可以由工程技術降低、損害可由實務經驗獲得。舉例來說，吃了某物 A 中毒的機率是千分之一，吃某物 B 中毒的機率是萬分之一；但是 A 吃壞肚子只要住院一天，B 吃壞肚子卻要住院一個月；這時候，雖然 B 發生的機率比較低，食物中毒的風險卻是比較高的。在這個概念下，我們會理解到，僅以片面的觀感來認定某個東西的優劣是非常危險的，我們必須用系統性的方法分析風險，才能真正判斷每一種能源對人類、環境的影響。

以這個概念來盤點台灣現有的發電技術，依據國際權威醫學期刊《刺胳針》2007 年的報告，我們會發現不論是發電過程中意外致死或是空汙致死，核能都是所有種類中最低的，所以每當有人主張「廢核是維護人權」時，我都會忍不住假性害喜，正常人都知道基本人權中最基本的人權叫做「生命權」，反核正是侵犯生命權的歹徒，因為反核主張正是將風險最低的核能優先上斷頭台，反而繼續使用群體致死

率高的火力、風力、太陽能，我真的不知道這些殺人魔到底有什麼資格跟我談人權。

當然我也知道，很多人會拿著一些 2011 年東日本大震災的海嘯災害照片，移花接木當作是福島電廠爆炸的「鐵證」，這幾年也有許多自由攝影師企圖到管制區裡拍攝一些尚未重建區域的「廢墟照」，藉此主張核災萬年無解，所以台灣不應該使用核電。我們先不要談日本在災後已經重啟十個機組這件事，畢竟在這些人心中日本人要怎麼做都可以，台灣人要做就不行，單就這些具有愛鄉土情操的攝影師們取材時完全不需要防護裝備，而且事後還活生生地回台灣開攝影展，就已經證明福島災區的輻射是多麼友善、憨厚了，哪還需要什麼「充滿知識霸權」的科學資料。

許多反核人士主張，福島核電廠周邊的輻射劑量「超標 100 倍」，每次我聽到這種論調都感到哭笑不得，我們可以從三個層面來說明。

首先，超標是超什麼標？反核人士喜歡把「法規規定一年只能接受 1 毫西弗（mSv）」當作尚方寶劍，上斬馬總統、下斬核電幫，彷彿人類只要一年曝露超過 1 毫西弗的輻射就會立刻爆體而亡，事實上當然不是如此，因為隨便一個地球人平均一年所接受的背景輻射都超過 2 毫西弗，如果這麼容易就會爆體而亡，大家早就沒命看到這篇文章了。依據廣島長崎原爆的資料顯示，短時間接受低於 100 毫西弗的曝露，甚至連癌症風險增加都無法被觀測到。

其次，年劑量 100 毫西弗算高嗎？先不提目前距離核電廠最近的

監測站年劑量也不到 100 毫西弗（大約 70 至 80），地球上也不乏比福島核電廠旁邊背景輻射高的區域，像是伊朗的拉姆薩（Ramsar）年劑量最高可達 260 毫西弗，是福島熱區的三倍，也從來沒聽說過伊朗的特異功能人士或是超級英雄有比其他國家多，不能說「因為 100 比 1 高就算是高」，我們必須以科學方法評估輻射對人體的影響，而不是用「想想」的方式來自我恐嚇。

最後，當福島這種等級的核子事故發生後，居然只造成了極小區域的背景輻射輕微增加（連伊朗的 1/3 都不到），請問這樣的「災害」能被稱作是「不能承受」的災害嗎？談到這裡大家就能理解為何反核人士必須緊抱「輻射沒有安全劑量」這個僅用於輻射防護的假說，因為如果輻射可能是安全的，那麼反核的理由將脆弱得不堪一擊，因此再怎麼被核電知識霸權羞辱，也要堅守這條底線，否則這戲就唱不下去了。

事實上渲染核災在台灣輿論中是越來越沒有市場了。2011 年福島事故當前，真的是謠言滿天飛，只要水果長得醜了些，或是誰得了癌症，就全部推給輻射，也不管輻射劑量多少、是不是足以產生變異。我還曾經聽過，有醫生建議去過日本旅遊的婦女應該避免在五年內懷孕，到底為什麼不能懷孕、為什麼是五年，我到今天還是摸不著頭緒。這些毫無學理依據的謠言，隨著國人赴日旅遊的頻率逐年增高而不攻自破，台灣人已經用親身經驗破除了反核人士煽動的恐懼。

核廢料無解？

　　除了「台灣不能承受福島核災」這種近乎空中樓閣般的假議題外，「核廢料放你家」絕對是反核經典招式中的首位。我對於這個話題一直感到很困惑，因為核廢料幾乎是所有發電廢料中唯一有完整技術處理，而且從鈾礦開採到燃料用盡止全生命週期都被管制的發電廢料，如果核廢料不能處理，那麼這個世界上沒有一種發電廢料是可以處理的了。

　　正常人所能理解的「可以處理」，應當是有系統性地處理技術、處理後不影響人類活動、對環境衝擊小。舉例來說，現在的垃圾處理是非常多元的，可以燃燒、掩埋，部分特殊材質的垃圾還能回收再利用，每一種處理方式都要盡可能滿足上述的三個原則，才能符合國內環保相關法規。但是反核人士所稱的「可以處理」，則是要輻射衰變歸零才算，這種要求放諸四海都是令人笑掉大牙的，因為這世界上沒有任何一種物質可以達到零輻射的境界。其中的道理非常簡單，地球上所有的物質都是由元素組成的，所有的元素都具有一定比例的同位素，這些同位素都具有放射性，即便整體的比例很低、輻射劑量再低也不可能歸零，換句話說，在人類當前有限的力量下，要製造出零輻射的物體的難度恐怕比證明上帝的存在還高。

　　既然讓輻射歸零是不可能的，那麼我們唯一能做到的就是讓輻射阻絕，使得核廢料對外界的影響等同於歸零。這個概念其實非常好懂，就像家裡的廚餘桶如果堆太多天會發臭，但是我們將蓋子蓋上之後就

不臭了，我想在台灣沒有任何人可以接受「廚餘在桶內的臭味消失前，廚餘萬年無解」這種謬論，核廢料的處理當然也是一樣的道理。

有些人會嘴硬地說：「既然核廢料那麼安全，為什麼不放你家？」首先，封包處理後的放射線廢棄物只要符合原子能法規規範，封包外的輻射劑量是非常低的，因此在技術、法規允許的前提下，我認為放哪裡都一樣，要放我家也未嘗不可。另一方面而言，我過去在醫院的放射線科服務，所有的放射線儀器在除役後都屬於放射線廢棄物，更進一步而言，用來進行放射性診療的同位素藥物、放射性金屬，在使用後也都需要進行處理，在具有放射線診療設備的醫院裡都有低放射性廢棄物的暫存處理單位，所以說，核廢料已經放在「我家」了。由此可知，以「會產生核廢料」為理由反核是非常奇怪的，除非這些人在反對核廢料的同時，也要求消滅其他的醫用、工業用、農業用的放射性物質、儀器，那麼我就相信你們有決心徹底根除這些你們口中「萬年無解」的核廢料。

說到這裡，就讓我想起去年參加公投辯論會時，經濟部曾文生次長曾經批判我提醫用核廢料是「偷換概念」，意思是說，核電廠真正的難題是用過燃料棒這類的「高階核廢料」並非低階核廢料，其實當時我在發言中已經明確提出高階核廢料現在至少有看守、掩埋、再生，共三種形式可以處置，某些人掩耳盜鈴卻指稱別人馮京當馬涼，這也是令人感到可笑了。

高階核廢料現階段的處理其實在全球都沒有明確的共識，最主要

的原因是科技正在進步，許多過去的垃圾現在已是具有潛力的未來能源，也就是「昨日核廢料，明日核燃料」的概念。世界科技強國正不斷地投入資源開發次世代的核燃料再生技術，甚至次世代的核子反應爐也能有效運用用過的核燃料發電，大幅減少高階放射性廢棄物的生成，其中最出名的就是微軟創辦人比爾蓋茲（Bill Gates）所參與的行波反應爐計畫。不論是燃料再生、次世代反應爐、岩層掩埋（最終處置），都是高階核廢料未來可以選擇的處理路徑，就像是用過的紙張可以選擇焚化、掩埋、再生，沒聽過非得要先決定掩埋場的地址才准用紙的道理，那又豈有先決定最終處置場才能用核的道理？在核廢料處理方式有共識前，擅自決定最終處置是毫無正當性的行為。

在台灣談到核廢料，當然就不能不提到蘭嶼核廢的問題。蘭嶼核廢料儲存場是民國六十年代所提出的計畫，當時的背景是為了將低階核廢料進行海拋，因此選擇了台灣群島最束的蘭嶼作為海拋前的中繼站，然而在實施海拋前國際法規修改為禁止海拋，當時政府在技術的判斷下決定將低階核廢料暫存於蘭嶼南端的儲存場。然而，在當時語言隔閡的背景下，政府並未與當地居民有充分溝通，導致日後一連串的衝突抗爭，蘭嶼核廢儲存場逐漸成為政治圖騰，更成為達悟族人與漢人間難解的心結。

事實上在 2016 年民進黨政府上任後，已將核廢料遷出蘭嶼入法（電業法第 95 條第二項），然而政府與反核團體多次以「最終處置場未定」為由擱置遷出事宜，這其實是非常讓人難以理解的，因為未

來最終處置場不論決定在何方，目前儲存於蘭嶼的核廢料都應該先遷回目前正在營運的核電廠內的儲存倉庫（事實上也有足夠空間存放），不斷地以最終處置場問題來卡關的行為，實在很難讓人不聯想到政府或反核團體對核廢遷出的恐懼，畢竟只要核廢一離開蘭嶼，他們就再也無法消費這個議題了，這種政治利益大於社會倫理的行為，實在是台灣人共同的恥辱。

核，能不能？

核電存廢議題在台灣的紛擾已超過三十年，過去前民進黨主席林義雄先生多次以苦行、禁食的手段要求政府將能源選擇權交還人民，前行政院院長江宜樺先生在封存核四前亦主張以公投決定核四存廢，由此可知，以公投終結台灣核電爭議早已是全民共識。然而當今政府為了固守其創黨黨綱的非核意識形態，不惜劃破臉皮進行各式各樣反民主、反進步的惡行，以行政優勢踐踏民之所向，他們口中的台灣價值早已成為一文不值的政治廢料，而且萬年無解。

能源政策當然是科學議題，也是政治議題，能源選擇可以是價值觀的選擇，但是在民眾做出選擇時，沒有「尊重多數、服從少數」的空間，在民主社會裡，無法執行民意的政府有下台負責的義務。台灣的核能不該是少數意識形態的祭品，我們要爭取的不僅是台灣人的用電正義，更是在每個台灣人心中科學、法治、民主的價值。

能或不能只在一念之間

葉宗洸　國立清華大學工程與系統科學系教授

　　「以核養綠」及「反空汙」公投案於 2018 年 11 月底通過後的主流民意非常清楚，589 萬的多數民眾可以接受在 2025 年後持續使用核電，更多數的 795 萬民眾無法繼續忍受來自火電的嚴重空汙。不料，主管能源的經濟部在公投後經過兩個月的全國能源供給盤點，1 月 31 日公布了一切照舊的「新」能源政策，2025 年達成非核家園的目標不變。

　　這個政府的作為蠻橫，完全無視「以核養綠公投」中主流民意對於當政者躁進能源政策的不信任，並且正將國家帶向國計民生面臨凋敝的道路。執政者對於再生能源足以取代基載核電的偏執認知，不但違反穩定充足的基載電力方能提供國家能源安全的真理，更放任迫在眉睫的缺電危機日益加劇。

　　供電出現危機的肇因，在於民進黨在 2016 年總統大選前即已定調的能源政策不切實際，為了「非核家園」的這塊神主牌，蔡英文政府規劃了 50% 燃氣發電、30% 燃煤發電及 20% 再生能源發電的 2025 年供電配比。結果，能源政策執行了兩年多，因思慮不周而產生的問題接踵而來，前述的「532 配比」反而成了一道緊箍咒，將政府調度能源供給的彈性完全卡死。最明顯的例子就是北部地區供電不足的

威脅，主因是再生能源的進展有限，導致供電量未如預期，新增氣電機組的工程進度又嚴重落後，北部地區在核一及核二廠共四部機組於2023年全數除役後，勢將面臨缺電衝擊，政府不但束手無策，甚至還企圖粉飾太平。更甚者，2025年的煤電占比真要從目前的45%驟降至30%的規劃值，肯定出現新機組來不及上線卻有燃煤機組必須除役的窘況，完全凸顯了躁進廢核政策的荒謬性。

師法德國，思慮不周

在蔡政府的能源規劃中，20%的再生能源發電占比本用以取代占比同為20%的核能發電，並且搭配減煤增氣藉以降低火力發電的汙染。政府師法即將於2022年走向全面非核的德國，原也無可厚非，畢竟德國是全世界唯一決定在十年內廢核的國家。不過，主事者忽略了台、德間的三項差異，致使目前規劃的能源政策空談過多而無法落實。

首先，德國是歐陸電網涵蓋的國家，電力供給可與鄰國相互支援；而德國風電多於冬季產出，正好是德國因供暖需求而用電量較高的季節。台灣擁有獨立電網，沒有鄰國可相互支援供電；雖然風電產出高峰一樣在冬季，但大量用電需求卻在風電貧乏的夏季。

其次，德國發展再生能源多年，其再生能源發電占比從1999年的5%提升至2011年的20%，總共花了十二年，相關產業的培植更遠超過這個時間。現在的蔡政府想在七年內從2018年的4.9%提升至

2025 年的 20%，再生能源進展時程可以超越德國的憑藉是什麼？過度躁進的結果，就是花費鉅資投入無法穩定供電的離岸風電，並且犧牲大面積養殖區、埤塘、濕地建置地面型太陽光電設施。

第三，德國境內自產大量褐煤，在逐步廢核的過程中，為了因應電力成長，不得不增加燃煤發電的比例，但褐煤蘊藏量豐富，不會出現能源安全的問題。台灣的天然資源匱乏，目前的能源進口占比高達 98%，廢核之後勢必依賴更多天然氣，在儲存槽有限的情況下，未來的天然氣安全存量也不過 14 天，大幅減少煤炭安全存量有 36 天的煤電，放棄燃料安全存量達 18 個月的核電，完全不符合獨立電網國家的能源安全要求。

除了前述的差異，政府的能源政策處處效法德國之際，故意不提德國全球第一的高電價，已在德國境內「創造」出許多無力負擔高電價的電力貧民。政府規劃中的 50% 氣電成本是煤電與核電成本的兩倍多，20% 再生能源發電成本甚至還遠高於氣電，我國現行電價在全世界排名前三低，未來的電價大幅調漲將無可避免，當初保證電價不會大漲的承諾形同壁紙。

用電成長，供給不足

台電公司 2018 年最新的總發購電量統計出爐，全年達 2,333 億度，再創新高，且較前一年的 2,311 億度，增加近 1%，同時也是發購電量

連續第三年成長，此期間的年平均發購電量成長為 2.12%。事實上，台電過去十五年間的發購電量成長將近三成，2004 年的總發購電量不過 1,812 億度，而且只要任一年度的經濟成長率超過 3%，當年度的發購電量均較前一年增加至少 50 億度，如表 1 所示。

　　用電需求不斷增加，供給面卻令人難以樂觀。檢視台電公司 107 年 1 月修訂的〈長期電源開發方案〉可以發現，從今年到 2025 年，新增的發電機組計有分屬林口、通霄、興達、大潭、台中、協和等電廠的十一部機組，新增的總裝置容量為 1,149 萬瓩；同一期間退役的

表 1　台電公司歷年發購電量與經濟成長率比較

年度	經濟成長率	發購電量 （億度）	較前一年度增減 （億度）	發購電量 增減百分比
2005	5.42%	1,897	85	4.69%
2006	5.62%	1,966	69	3.64%
2007	6.52%	2,019	53	2.70%
2008	0.70%	2,002	-17	-0.84%
2009	-1.57%	1,936	-66	-3.30%
2010	10.63%	2,074	138	7.13%
2011	3.80%	2,013	56	2.70%
2012	2.06%	2,117	-13	-0.61%
2013	2.23%	2,134	17	0.80%
2014	3.74%	2,192	58	2.72%
2015	0.72%	2,191	-1	-0.05%
2016	1.50%	2,258	67	3.06%
2017	3.08%	2,311	53	2.35%
2018	2.66%	2,333	22	0.95%

發電機組則有分屬核一、核二、核三、協和、大林、通霄、興達及台中電廠的二十部機組，減少的裝置容量為 1,072 萬瓩。乍看之下，2025 年時的淨裝置容量還會較目前增加 77 萬瓩，供電似乎不成問題。不過，前行政院長賴清德曾經承諾台中火力電廠兩部燃氣機組商轉後，將停用中火的四部燃煤機組，離譜的是，這兩部新機組原就分別規劃於 2024 年及 2025 年上線，本非為取代四部既有機組而新增。此舉將使 2025 年減少的裝置容量成為 1,292 萬瓩，當年度淨裝置容量不增反減 143 萬瓩，每年少發約 100 億度電，如圖 3-1 所示。

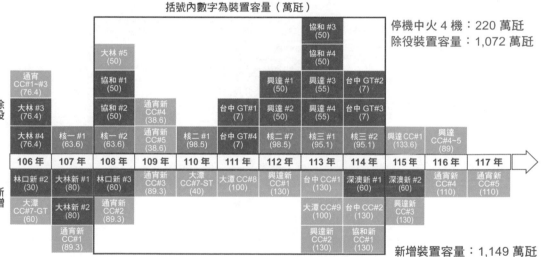

2025 年裝置容量短少 143 萬瓩！發電量每年短少 100 億度！

▲ 圖 3-1　大型發電機組新增與除役概況

註：台中電廠增建燃氣機組計畫以 112 年併聯（GT1）發電，113 年複循環 1 號機商轉作為趕工目標。
資料來源：台灣電力公司

若以每年用電成長率為 2% 估計，2025 年的發購電量必須達 2680 億度方可滿足需求，但以目前的規劃來看，即使計入太陽光電與風電達標後的 390 億度，2025 年的發購電量將仍只有 2,641 億度，短少近 40 億度，倘若中火四部機組真於 2025 年停轉，短少的發購電量將增為 140 億度，如表 2 所示。

短期來看，未來三年的供電情況同樣令人憂心，問題出在天然氣供給。2019 至 2021 年間將有三部裝置容量 218.6 萬瓩的新增燃氣機組，而除役機組也是三部，但總裝置容量僅 127.2 萬瓩，換言之，新增的燃氣機組真要能全數滿載供電，天然氣供應量必然得增加。不過，

表 2 我國 2018 年與 2025 年各類能源之發電量比較

類別	2018 年 發購電度數（億度）	2025 年 發電度數（億度）
火力（計入汽電共生）	1,918.6	＊2,000.0
核能	266.6	0
風能（4.2GW）＊	16.5	＊＊140.0
太陽能（20GW）＊	26.6	＊＊250.0
慣常水力	44.4	48.0
生質沼氣	26.6	59.0
抽蓄水力	33.6	31.0
地熱	0	13.0
總計	2,332.9	2,541.0
2025 年預估需求（2% 年增率）		**2,680.0**

＊ 扣除中火 4 部機組
＊＊ 儲能技術未完成時，無法成為基、中載電源

肩負北部供氣重任的桃園觀塘第三天然氣接收站工程延宕多時，受到在地環團的持續抗爭影響，動工時間嚴重落後，更遑論準時供氣了。2021 年 3 月之前，核二廠一號機仍在服役，今、明兩年只要採取過去常用的需量競價、降壓降頻、緊急用發電機啟動併聯等策略，供電或許吃緊，勉強熬過也不無可能。當年度的 3 月過後，如果三部新增機組未能及時滿載上線，北部地區勢將出現供電不足的情況。

特別值得注意的是，觀塘三接案有著必須準時營運的壓力，因為除了林口電廠新 3 號機屬燃煤機組外，2019 至 2025 年間規劃新增的其他十部機組均為燃氣發電，而且個別裝置容量多超過百萬瓩，總容量高達 1,070 萬瓩，當今政府既要非核、又要減煤，還要不缺電，此案容不得絲毫的差錯。話說回來，執政黨為了反核神主牌，打算讓屬於基載的燃煤機組停建或停轉，留下高比例的燃氣發電，而從能源安全的角度來看，我國未來天然氣的安全存量僅有兩週，把中載功能的燃氣電廠充當基載運轉，實是不智之舉。

缺電危機，步步進逼

依據反空汙公投案的訴求，未來火力電廠的發電量必須每年減少 1%，以現有火電高達 85% 的占比估算，相當於每年減少 20 億度電，五年內即會喪失一座核一廠的年供電量，即便僅實施兩年，亦會短少 40 億度電，相當於一部中火機組（55 萬瓩裝置容量）的年發電量。

位於基隆且已延役多年的協和電廠一、二號機組在延役兩年後，今年再度延役，若於今年底除役，北部地區供電裝置容量將減少100萬瓩，每年少供75億度電。

台中市市長盧秀燕已明確表達「反對中電繼續北送」，並打算讓中火四號機提前除役，而高雄市的「南電北送」也可能在環團的要求下被迫減送或甚至停送，但北部地區目前的尖峰負載占全台用電的39%，自身供電能力卻只有34%，未來將因中、南電不再北送而失去5%的尖峰電力奧援。換言之，以去年夏天3,735萬瓩的尖峰用電估計，北部將短少187萬瓩，等於缺少了核二廠兩部機組的裝置容量。

堅持廢核的政府手中籌碼相當有限，加上核二廠一號機將於2021年3月提前停止運轉，因此被迫聲稱火電減量只能做兩年。針對國家未來整體供電的穩定，在考量太陽光電與離岸風電嚴重落後的開發進度，以及中電、南電可能都不再北送後，核電不續用將是最糟的選項。

經濟部先前曾不斷強調，深澳電廠若不興建，北部地區未來恐有缺電之虞。深澳電廠興建計畫廢止後，經濟部原本指望桃園大潭電廠的新增機組如期順利完工，以填補非核後北部的電力缺口。不過，規劃未來提供大潭電廠用氣的第三天然氣接收站新建工程已延宕超過兩年，雖然觀塘現址的環差分析最終在環保署強勢主導下於2018年10月通過環評大會審查，但在地環團已揚言絕對會抗爭到底。此外，中研院日前關於「柴山多杯孔珊瑚」群體早已存在的調查報告出爐後，對於三接工程的啟動無疑將產生雪上加霜的衝擊，也讓原本預計於

2022 年與 2024 年分別上線的大潭電廠八號機與九號機，幾乎已可確定無法如期提供北部用電。

　　當今政府寄予厚望的太陽光電與離岸風電開發，目前進度均處於嚴重落後的狀態。更迫切的問題是，現有的大規模儲能技術尚未到位，仍無法解決再生能源間歇性供電的問題，而政府亦未規劃相同裝置容量且專司備援的燃氣發電（目前規劃的燃氣機組未來均被用來作為基載與中載電力，並未有作為備援電力的規劃）。

　　為什麼北部的缺電危機最令人擔憂？前文提及北部地區目前的尖峰負載占全台用電的 39%，自身供電能力卻只有 34%，現實的狀況就是尖峰用電時北部缺電 5%。未來一旦中、南部的電力奧援喪失且 2021 年核二廠開始如期除役，最先遭殃的就是用電量最高的北部地區，這是經濟部沒有說出口的真相。

　　未來的缺電危機不僅侷限於北部地區，再生能源發電若無任何突破性進展，2025 年全國都將面臨缺電威脅。可行的解方其實不難取得，只要核一、二、三廠延役加上核四重啟商轉，五年內北部地區可取得 594 萬瓩，而全國可有 784 萬瓩的基載無碳排核電，短、中、長期的缺電問題均可迎刃而解。政府所謂「核四重啟困難」、「既有電廠延役不可行」、「核廢無法處理」以及「核能安全仍有疑慮的說法」都是推託之詞，只要主政者願意放下意識形態，認真面對供電困境，就沒有解決不了的問題。

核四重啟，絕非難事

台電公司應停止核四廠燃料棒的外送，並立即著手兩部機組的重啟作業，一號機已於 2014 年完成試運轉測試，只要重新進行組件設備的檢查與測試，即可裝填燃料並執行啟動測試，最快可於二至三年內商轉發電，提供 135 萬瓩供電，估計花費 100 億元。二號機則繼續完成尚餘的 5% ～ 10% 工程，最晚五年內亦可商轉併聯，再提供 135 萬瓩供電，估計花費 400 億元。上述估計都是經過盤點的數據，經濟部卻說「核四廠一號機難題瓶頸突破後仍有預算、重啟計畫、施工安裝與測試、福島改善等四項工作，需再六至七年」。事實上，經濟部只要能夠拿出快速核發離岸風電籌設許可的拚勁與效率，責成台電使命必達，兩部機組的商轉時間甚至都還能提前。

既有電廠，必須延役

台電亦應儘速重新提出核一廠的延役申請。台電公司曾在期限內將核一廠延役計畫送審，原能會當初也已審畢並提出審查意見，程序實際上已完備，重新審查與改善的作業所需時間估計不會超過兩年。安全強化的改善工作如海嘯牆與免震棟均可於延役期間持續完成，不影響兩部機組執照更新的申請。經濟部反駁說「核一廠延役之申請，台電公司遵照非核家園政策，已於 105 年 7 月 7 日撤回」。據此，核

一廠的延役早就提出過申請，果然是不爭的事實，到底是誰基於什麼原因擋下延役申請的後續工作，經濟部要不要也一併說清楚？撤回後經過務實考量不能重新送件嗎？這樣的作為並無違法之虞。

此外，行政院應要求原能會修改內部的〈核子反應器設施院轉執照申請審核辦法〉，縮短延役申請期限，俾利核二廠提出延役申請，核二廠的延役計畫書早已於多年前完成，隨時可送件。至於同樣早已完成延役規劃的核三廠，則應立即依法提出延役申請。兩座電廠成功延役後，均可於執照到期日無縫接軌，持續發電。

核廢處理，安全無虞

當我們理性地看待放射性廢棄物處理的國際作法，就會發現過去反核團體所謂核廢料無法處理的老調，其實是既落伍又過時的，已經淪為恐嚇民眾的說詞。國外早有超過百例的應用可資參考，不論是室外或室內貯存，安全都不是問題。科技不斷在進步，過去無法處理不代表現在仍舊無法處理。高階的用過核燃料可以透過再處理，進一步減少其體積至原來的 5%，過程中可利用元素再加工後，重製為新型燃料繼續使用於發電。乾式貯存也是可行的作法，乾貯僅靠自然對流冷卻，有先天安全特性，四十年的貯存風險與成本極低，未來待第四代核反應器發展成熟，可利用已用的核燃料充當其燃料，同時對長半衰期之超鈾元素進行有效分裂減量，而且無任何安全上的顧慮。

另一種長半衰期核種處理技術稱為核轉化（Nuclear Trans-mutation），專門用以處理最後5%的高階核廢，透過ADS（Accelerator-Driven Subcritical System）產出特定能量的中子撞擊此類核種的原子核，即可將之轉化為短半衰期核種，甚至無放射性核種，過程中產出的能量亦可發電。ADS搭配發電模組的作法早有多國進行提升轉化率的研發，是一項確定可行的技術，只不過還未達商業運作的規模。另一方面，低階放射性廢棄物中核種的半衰期一般較短，目前的作法是進行有效的屏蔽與隔離，並且嚴密監管，數十年後輻射強度即會自然衰減。

重點是，核廢料並非如經濟部所言般的無法處理。核廢料絕對可以被處理，就看主事者有沒有心要處理。

核能安全，驗證無誤

福島核能事故後，日本迄今已重啟了九部核電機組，核能專家對於電廠的運轉安全，擔心的並不是大規模地震可能造成的威脅，而是可能伴隨而來的海嘯對電源設施所造成的破壞。

有鑑於此，我國多年前自行發展了「斷然處置」措施，針對常規電源設施損壞的可能性，提出具體的因應作為。這項措施不僅已發表於國際學術期刊，並且獲得國際沸水式反應器電力公司合作組織（BWR Owners' Group）的正式函文認可與肯定。台電公司也要求三

座核電廠，每年均須針對超越設計基準事故，進行斷然處置措施演練的緊急應變與核安演習。

在考量台灣不可能完全排除海嘯侵襲，同時現實上不容許大規模人員疏散的前提下，當核電廠面臨機率微乎其微的超大型天然災害時，在既有的安全防護設施不足以因應的情況下，必須不計任何經濟代價，以額外建構的安全維護防線應對，避免爐心熔毀及後續的放射性物質外洩，核電廠附近的居民因此不須進行疏散，這就是斷然處置措施的精神，也是確保核能安全的重要防線。

政府編織的廢核理由與推託之詞都不具說服力。令人不解的是，目前的當政者始終相信，透過新科技的研發，其情有獨鍾的再生能源終有供電穩定的一天，為何卻不認為新科技也能解決核廢與核安的問題？當政者必須認清，能源安全的確保直接涉及國家安全，絕不可因意識形態而恣意妄為。真的，如果主事者自認本身能力不足，無法妥善處理能源相關議題，那就請換一個能力夠的人來吧！

第四章

核廢料
如何存放及處理？

「以核養綠」公投通過之後……

蔡春鴻　國立清華大學榮譽特聘教授

2018 年 11 月 24 日，「以核養綠」公投案獲得超過 589 萬同意票（通過率約 60%），廢除了《電業法》第 95 條第一項：「核能發電設備應於中華民國一百十四年以前，全部停止運轉。」已經證明了民眾大多數反對民進黨政府 2025 年非核的電力能源政策，講白一點就是：「民眾支持 2025 年以後繼續使用核能。」這個投票結果和 2018 年 5 月發行的《遠見雜誌》第 388 期中的「全台能源政策民意大調查」結果一致，該民調顯示有近六成民眾願意支持繼續使用核能發電，年輕的族群甚至超過七成。

可是，政府在今年一月底公布的能源政策「新」規劃，卻仍然維持 2025 年廢核，且仍然維持天然氣 50%、燃煤 30%、再生能源 20% 的電力能源配比，完全藐視「以核養綠」公投所代表的民意。3 月 4 日經濟部又公布「修正」配比為天然氣 50%、燃煤 27%、再生能源 20%，表面上似在回應通過的另一項「火電占比每年降低 1%」公投案，但事實上核電（核三廠二號機）的 1%、燃油的 1%、抽蓄的 1% 本來就一直都在，所以其實兩次公布的電力能源配比是完全一樣的，這表示我們未來仍將面臨高缺電、高電價、高空汙和高排碳的風險。

經濟部沈榮津部長對於「2025 年自然廢核」的原因表示：「核電不是不用，是沒辦法用。」綜合這一個多月來經濟部說無法使用核能的理由有三點：第一，地方民眾反對（延役）；第二，重啟核四要闖五關；第三，核廢料無法處理。以下請容我一一說明這三個理由都非事實的原因。

一、地方民眾反對

讓我們來看 2018 年 11 月 24 日「以核養綠」公投案各縣市投票結果的統計（表 1），核一、二廠所在的新北市通過率是 59.12%，核三廠所在地的屏東縣通過率是 58.55%，都遠超過半數。表示這兩個地區的民眾多數贊成 2025 年以後繼續使用核電，對於在 2025 年以前運轉執照陸續到期的三個廠來說，2025 年以後繼續使用的條件就是執照延長二十年，也就是俗稱的延役。

尤其是幾座核電廠所在地的區（鄉鎮）投票結果（表 2），除了貢寮鄉之外，同意的比例都接近六成（表 2），表示核電廠所在地區的居民仍然有超過半數以上的民眾贊成繼續使用核能。

表 1 2018 年 11 月 24 日「以核養綠」公投案各縣市投票結果統計

縣市	同意票	不同意票	總計人數	同意比例
連江縣	3,764	1,663	5,472	69.36%
金門縣	26,851	13,274	40,125	66.92%
澎湖縣	22,697	13,207	35,904	63.22%
南投縣	138,860	85,227	224,087	61.97%
花蓮縣	80,187	50,311	130,498	61.45%
桃園市	518,318	337,300	855,618	60.58%
台中市	725,778	478,271	1,204,049	60.28%
台東縣	51,032	33,932	84,964	60.06%
苗栗縣	143,501	95,723	239,224	59.99%
雲林縣	158,850	106,155	265,005	59.94%
新竹縣	139,470	93,309	232,779	59.92%
新竹市	110,083	73,690	183,773	59.90%
高雄市	752,932	509,854	1,262,786	59.62%
彰化縣	328,349	223,084	551,433	59.54%
基隆市	90,311	61,447	151,758	59.51%
宜蘭縣	111,743	77,082	188,825	59.18%
新北市	1,000,493	691,936	1,692,429	59.12%
屏東縣	192,218	136,052	328,270	58.55%
台北市	698,579	494,516	1,193,095	58.55%
嘉義縣	114,627	81,395	196,022	58.48%
嘉義市	64,519	45,975	110,494	58.39%
台南市	422,398	310,812	733,210	57.61%
總計	**5,895,560**	**4,014,215**	**9,909,775**	**59.49%**

表 2 核電廠所在地區「以核養綠」公投結果

地區	同意票數	反對票數	同意比例
金山區	4,900	3,746	56.7%
萬里區	4,941	3,578	58.0%
石門區	2,776	2,005	58.1%
三芝區	5,087	3,686	58.0%
恆春鎮	6,226	4,698	57.0%
滿州鄉	1,611	1,165	58.0%
車城鄉	1,562	1,186	56.8%
貢寮鄉	2,347	2,384	49.6%

二、重啟核四要過五關

前文提到 2018 年 5 月《遠見雜誌》的民調，針對重啟核四有 54.7% 的民眾表示贊成。而最新公布的《新新聞》與《風傳媒》委託台灣指標民調的調查也顯示，有 54.8% 民眾支持重啟核四解決缺電[1]，結果非常一致。2 月 25 日朱立倫先生接受聯合報專訪時表示，如果他當選總統，基於國家安全考量「我願意重啟核四」，經濟部立即提出反駁稱「重啟核四至少還要闖五關」[2]，列出原廠團隊已解散、設備難

1　有關重啟核四新聞，請參考
　　https://udn.com/news/story/6840/3666111?utm_source=linemobile&utm_medium=share
2　有關經濟部表示「重啟核四至少要闖五關」新聞，請參考
　　https://money.udn.com/money/story/7307/3667160?from=udnamp_storysns_line

更新、編列預算困難、核四建照將到期和完工仍需時間共五大原因。以下容我逐一提出我的看法：

1. 原廠團隊已解散？

　　核四廠一號機已完工並已完成安檢測試，且封存期間台電人員仍持續維持重要設備的運轉維護，保持在可用狀態，啟封之後的後續工作主要仍然靠台電，原廠團隊奇異公司需要參與認證和簽署文件的人數不多。二號機則尚需補足和安裝設備，並進行安裝後測試與系統功能測試，需要較多的奇異公司技術支援，但是因為有一號機的經驗，只要和奇異公司簽訂技術支援合約之後，奇異公司要調集人手或透過日本東芝或日立公司現有人員提供技術支援都不是太大的問題，況且以 2000 年 1 月的停建、續建經驗來看，當時奇異公司重聘的技術人員數量比未來啟封要多很多，因此這並不會成為問題。

2. 設備難更新？

　　核電廠的設備本來就是依設計訂製的，並不是依賴原供應廠商提供「存貨」，尤其一號機已完工，根本不需要再增加什麼設備，若啟封後之再測試發現有需要更換設備仍可由二號機調用，至於二號機則需要再補充較多設備。但是，從另外一個角度來看，假如核電廠的設備更新有困難，它運轉後若有設備損壞要更新，就買不到設備替換了嗎？只要從既有三座核電廠的運轉維護經驗來看，就知道這根本不是問題，何況核

四又不是世界上唯一的進步型沸水式反應器（ABWR）電廠！

3. 編列預算？

核四工程的總預算原編列 3,200 多億元，封存前已支用 2,830 多億的預算，啟封後不管還需要多少預算當然都需要立法院審查通過。假如民進黨還要繼續卡核四，要通過民進黨籍立委過半的立法院當然是有困難的；但反過來說，假如民進黨願意順應民意重啟核四，預算會不通過嗎？假如要改變民進黨意識形態反核神主牌有困難，那民眾只好透過 2020 總統和立委的選舉翻盤來解決了！

4. 核四建照將到期？

這根本不是問題！原能會核准的建照確實有效期，但是過去核四工程經四次展延，也曾經向原能會申請建照延期。重點是：台電公司是否仍具備執行工程的能力和條件？

5. 完工仍需時間？

經濟部表示，台電預估重啟所需程序與時程，光是編列預算，並向原能會申請啟封等「準備期」就需兩年，此後的施工與測試期，包括已拆卸設備回裝與測試等，約需四、五年。我們願意尊重，但是，核電需要性是長期的，短期的核能發電需求則有賴既有的舊廠延役來支應。一號機和二號機需要的工期有明顯的差異，也都會有一定的變

數，重點是只要政策確定重啟，要記取過去的經驗和教訓，積極務實規劃工期和工序、嚴格遵守法規和品保要求、尊重專業減少政治干預，只有安全才能走向運轉之路。事實上，只要經濟部認可台電公司預估的追加預算、花費時間，不管這個數目字多大，就已經代表有關核四重啟到運轉的其他幾個問題都不是問題了，不是嗎？

另外，也可以參考國外有許多封存後啟封再續建到運轉的例子，其中美國 TVA 電力公司的 Watts Bar 二號機於 1973 年動工，施工期間曾因為資金問題封存了二十多年，復工後已於 2016 年通過美國核管會（NRC）的審查而順利商轉，證明了上述五關在技術上其實都不是問題！也有許多朋友問到：「核四的燃料都被運出國了，沒有燃料，核四怎麼可能再重啟？」事實上，台電原準備分八批把核四燃料運出去，目前運出去的只有其中兩批二號機一部分尚未拆封的燃料棒，而一號機的燃料則仍全數儲存在燃料池中，因此還不會影響到一號機未來重啟後的作業；就算燃料全數運出去後才決定重啟，到台電可以完成燃料裝填前的所有測試和準備項目還需要一段時間，到時再把燃料運回來或者重新採購，仍然是可行的。

總而言之，若決定要重啟核四，未來要克服的困難無論有多少，技術性問題沒有不能解決的，真正需要的是：確保完工與安全的決心！

最後一點有關核廢料是否可以妥善處理？我們先來參考國際上三十幾個有核電的國家是如何處理核廢料的？下面這張表（表 3）列舉世界各國低放射性廢料的處置現況：

表3 世界各國低放射性廢料處置現況表

低放射性廢料處置現況	國家	國家 / 處置場
設施運轉中	亞美尼亞、亞塞拜然、澳大利亞、白俄羅斯、巴西、中國大陸（3）、捷克（3）、芬蘭（2）、法國（2）、匈牙利（2）、印度（7）、伊朗、以色列、日本、哈薩克（3）、南韓、吉爾吉斯、拉脫維亞、墨西哥、摩爾多瓦、挪威、巴基斯坦（2）、波蘭、羅馬尼亞、俄羅斯（15）、斯洛伐克、南非（2）、西班牙、瑞典（5）、烏克蘭（2）、英國（2）、美國（10）、烏茲別克、越南	34 / 80
執照申請 / 興建中	保加利亞（2）、比利時、加拿大（2）、中國大陸、埃及、立陶宛、德國、英國、烏克蘭	9 / 11
場址選定	賽普勒斯、墨西哥、秘魯、羅馬尼亞、斯洛維尼亞	5 / 5
選址作業中	澳大利亞（2）、克羅埃西亞、丹麥（6）、印尼（5）、日本、馬其頓、俄羅斯（3）、沙烏地阿拉伯、瑞士（2）、烏干達、越南、中華民國	12 / 25
停止運轉或封閉	阿根廷、亞美尼亞、保加利亞、愛沙尼亞、法國、喬治亞、德國（2）、俄羅斯（3）、塔吉克、烏克蘭（5）、捷克、匈牙利、日本、墨西哥、挪威、立陶宛、美國（6）	17 / 29

表中分別列舉已有處置設施運轉中的國家、有處置設施的執照正在申請中或興建中的國家、場址已選定或正在選址的國家等。已有處置設施在運轉的有 34 個國家，總計共有八十座處置場在運轉中，這34 個國家還有一些是沒有核電廠的（像越南），那是因為醫療用的輻射設施也會產生核廢料。我國根據低強度放射性廢棄物最終處置設施場址設置條例規範的程序，由經濟部負責處置場的選址，從民國 95年啟動選址程序，民國 101 年核定兩處建議候選場址後，本應由建議候選場址所在地的台東縣和金門縣政府辦理地方公投，然地方政府均不願意配合辦理而停擺至今，使得原計畫在民國 110 年完工運轉的處置設施遙遙無期。此情況對於運轉中核電廠產生的低強度核廢料短時間不是問題，因為各廠廠內的廢料倉庫尚有足夠空間確保安全貯存，但卻影響政府長期以來對核廢料運出蘭嶼貯存場的承諾。我國是極少數有核電廠的國家中尚無處置場的國家之一，以我國的工程和科技能力，我實在看不出來為什麼我們沒有能力興建和安全運轉低強度核廢料處置場？

　　接下來讓我們看看世界上有核電國家的用過核燃料管理策略（表4）。

　　用過核燃料棒中仍有超過 90% 的原料可經再處理回收再利用，有 11 個國家決定不予回收而採取直接深層地質處置，9 個國家採取再處理回收（剩下的高強度廢料仍需處置），但仍有 16 個國家採取「延後決策」的策略，也就是說，這些國家現階段決定等待新技術發

表 4　使用核電國家的核燃料管理策略表

直接地質處置	加拿大、芬蘭、德國、匈牙利、立陶宛、斯洛伐克、斯洛維尼亞、西班牙、瑞典、美國、中華民國	11
再處理	中國、法國、印度、義大利、日本、南韓、俄羅斯、烏克蘭、英國 （早期曾經少量再處理：比利時、保加利亞、捷克、芬蘭、德國、匈牙利、荷蘭、斯洛伐克、西班牙、瑞典、瑞士）	9 （11）
延後決策	阿根廷、亞美尼亞、白俄羅斯、比利時、巴西、保加利亞、捷克、伊朗、哈薩克、墨西哥、荷蘭、巴基斯坦、羅馬尼亞、南非、瑞士、阿拉伯聯合大公國	16

展或參考其他國家的處置經驗再做最後的選擇，那是因為有成熟的短中期貯存技術可確保安全，並無立即做決定的急迫性。在選擇直接地質處置的國家中，芬蘭已在奧爾基洛托（Olkiluoto）進行興建，預定2023 年完工，瑞典的場址選在阿斯波（Aspo），正在申請建照，預計在 2030 年以前完成。美國的場址早在 1987 年就選在尤卡山（Yucca Mountain），2002 年美國國會通過預算，但在 2011 年歐巴馬總統任內國會決議終止撥款，雖然美國核管會的審查走走停停終於在 2016

年完成審查報告，但原預定在 2048 年完成的設施在缺乏經費下尚無法動工，目前美國的核能電廠只能選擇廠內乾式貯存或集中式貯存場進行中期貯存。美國另有一座高階核廢料最終處置場 WIPP，已有 20 多年的運轉歷史，但僅接受軍事用途的核廢料。法國和中國大陸則是在採用再處理的國家中，兩個已經選定候選場址的國家，法國預定的完工時間是 2025 年，但也可能延後，中國大陸預定在 2050 年完工。

　　我國目前的政策是採用直接地質處置，台電從 1980 年代末期即開始啟動計畫，分五階段進行，預定 2055 年完成，第一階段已確定有四個區域具備合適的母岩地質，但進行到第二階段地質探勘工作則受到阻礙。幾年前台電公司曾突破國際上的限制，打算先期運送少量燃料棒去國外進行再處理，但因預算被立法院刪除而作罷。

　　綜合世界各國成功處理、處置核廢料的經驗，要解決「核廢料處理」的問題需具備下列幾個條件：

1. 安全法規和專業獨立管制機關
2. 核廢料處理、處置經費
3. 核廢料最終處置場選址法規
4. 核廢料處置專責機構（專業人才）
　　成功設置處置場的國家都有核廢料專責機構，由政府授權，我國則由電力公司執行。目前行政法人放射性廢棄物管理中心設置條例草案仍躺在立法院。

5. 長期穩定的政府政策

　　最終處置場從選址到設置（環評、安全審查……等，或再加公
投）短則十五年（低階）長則超過五十年（高階），所以需要
每一任的政府都依政策和計畫按部就班推動，政策的反覆通常
是計畫延宕或停滯的主要原因。

6. 溝通！溝通！再溝通！

　　核廢料處置設施不可諱言是敏感的鄰避設施，不受歡迎，必須
靠政府有效溝通和提供回饋誘因，全世界皆然。

　　總而言之，核廢料是可以妥善處理的！在我國，核廢料已經是既
存的事實，電費中也已經由政府預扣核廢料處置和電廠除役的基金，
政府有責任運用基金妥善處理、處置核廢料，世界各國皆然，政府不
能因認定「沒有一個地方會接受」就可以不作為！政府甚至還公開呼
籲擁核者「勇敢向社會大眾說明核廢料究竟該如何處理」，已經淪為
國際笑話！我們尤其注意到，世界上沒有一個國家會把核廢料問題和
興建新核電廠或舊廠延役綁在一起，只有我國政府和民眾因為受到誤
導，增加溝通的困難度（例如德國決定 2023 年非核，但他們的政府
不會推卸處理核廢料的責任；英國政府透過民眾諮議程序確定核廢料
處置議題，不影響興建新核能機組的決策）。針對核廢料處理，我們
有三點建議：

1. 安全處理、處置核廢料是政府的責任！

2. 依政府既定的核廢料處理方針或計畫積極推動！策略或計畫可以修正，但是不容荒廢！

3. 儘速成立專責機構，以專業取代意識形態！

　　最後，我只有簡單一句話作為結論：政府不尊重公投的民意，不願意將核能納入電力能源的選擇之一，不是因為「核能沒辦法用」，而是因為政府的意識形態「不願意使用」。（非不能也，不為也！）

核廢無解，我們又被綁架了嗎？

李　敏　清華大學工程與系統科學系特聘教授兼原科院院長

民進黨政府、無良政客及少數環保團體與個人，長期聲稱「非核家園」是全民共識，綁架了國家的能源政策。「以核養綠」公投在 2018 年 11 月 24 日的九合一選舉獲得近 600 萬人的支持！不計代價的非核家園不是全民共識，為了不要缺電、穩定的電價以及降低空汙，在 2025 年以後繼續使用核能是有必要的。但反核方看到這個結果，再次以「核廢無解」這個老梗，阻撓政府任何使用核能的規劃。「核廢無解」，真的嗎？還是少數人的主觀認知，再度企圖以聲音大來綁架社會大眾！以下簡單論述核廢料的處置。

輻射是人類生活的一部分

談核廢料處置前，我們必須知道輻射是人類生活的一部分。人類接受的輻射劑量來自環境與工業製程及現代科技產品。醫學的診斷與癌症的治療都會造成輻射劑量。環境中的輻射來自宇宙射線、天然存在放射性核種的衰變，以及上世紀 50 至 60 年代的大氣核彈試爆；人體本身也有放射性核種，最主要的是碳 -14 與鉀 -40，每個人因居住

的地區或生活的環境不同，每年接受的背景輻射劑量也會有很大的差異。例如居住在台灣的人，每年環境背景輻射劑量為 1.6 毫西弗，但居住在印度喀拉拉邦（Kerala）為 5 至 15 毫西弗。輻射要接觸生物體才會造成影響，影響程度與接受的量有關，輻射線的接受量可以透過增加與放射性核種的距離、減少與放射性核種接觸的時間，及將放射性物質置於屏蔽內而有效的降低。對生物體造成影響的是輻射，但輻射自放射性核種釋出後，可以存在的時間非常之短暫，其在空間中行進的距離與輻射的類別與介質有關，所以只要能有效地限制住放射性核種的移動，就可以確保放射性物種不會傷害生物體。

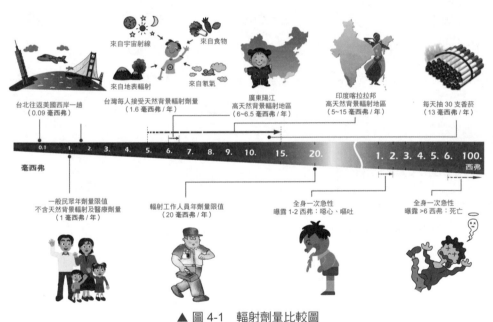

▲ 圖 4-1　輻射劑量比較圖

來源：行政院原子能委員會網站

註：1 西弗＝ 1000 毫西弗

有害廢棄物的產生與處理

　　現代文明社會的運作，會產生各種各樣的廢棄物，如一般生活廢棄物、醫療廢棄物、以及有害事業廢棄物，包括化學廢棄物、重金屬廢棄物及核廢料等。所有廢棄物的處理方式均為先分類；將可以再利用的回收利用；剩下來無法回收的進行減容，以減少需要處置之廢棄物的總量，減容最常用的方法就是燃燒，但燃燒時要注意排放廢氣造成的空氣汙染；最後需要處理的就是燃燒後剩下的殘渣，殘渣可能含有重金屬與毒化物質，須與生物圈隔絕，採取的方式為固化、包封與掩埋。固化與包封均為防止有害物質的擴散，掩埋是避免人類或動物不經意的接觸。核廢料的處理也是採取同樣的方式。核廢料與其他化學廢棄物與重金屬廢棄物最大的不同點為放射性核種有半衰期，對生物體的威脅會隨著時間降低；再來就是非常微量的放射性物質外釋都可以立刻被偵測到。

　　任何發電方式都會產生對環境造成影響的有害廢棄物，太陽光電的汙染不只模組。從上游的製程開始，矽晶太陽能電池在切割過程中，會產生大量碳化矽粒子、矽屑、金屬與切削油，形成固體的「矽泥」。這些矽泥並沒有利用管道，常被不肖業者隨意掩埋，或承租倉庫棄置。太陽能光電的晶片製造過程使用的有機溶液與毒性氣體，也需要適當的處理。太陽能光電板每片模組重量約為 18 ～ 19 公斤，長寬分別為 165、100 公分。若以二十年生命週期計算，根據經濟部能源局推估，

2020 年台灣將有 1.4 萬公噸的廢棄模組，2038 年，則急速成長至 15 萬公噸，2041 年上看 21 萬公噸。又多又重的廢棄模組，對地狹人稠的台灣來說，又該如何處理？海上風機一個複合材料製成的葉片長達數百公尺，廢棄後又該如何處理？

核廢料 ── 低階核廢料

　　核廢料分為兩類，低階核廢料與用過核燃料。低階核廢料係指醫療、農業、工業、研究等不再使用的放射性物質與射源，及受其汙染而廢棄的衣物與器具、實驗動物之器官與排泄物、實驗廢液等，約占 10％。核能電廠低階核廢料主要來源為受汙染之化學藥品、衣物、工具及廢棄的零組件等，約占 90％。低放射性廢棄物所含的放射性核種以鈷 -60 為主，及少量的銫 -137 其半衰期分別為 5.2 年及 30.2 年，Cs-137 經三百年後，其活度會降低千倍，將自然消失至與環境背景輻射值相當。

　　核電廠營運所產生受到放射性核種汙染的化學藥品或衣物器具，先經過減容程序，將廢棄物與水泥混和凝固，放射性核種皆與水泥結合，無法自由移動擴散，再將水泥塊封在鍍鋅的 55 加侖密封鋼桶中，密封鋼桶再置入工程障壁（儲存窖）或隧道中，當貯存窖屏蔽填滿後，回填遇水會膨脹的黏土，再於貯存窖上方加蓋密封（圖 4-2、圖 4-3）。工程障壁設有防護措施與輻射偵測裝置，監控放射性核種自密封鋼桶

▲ 圖 4-2　低階核廢料桶

▲ 圖 4-3　芬蘭的中低階核廢料儲存設施內部空間

的外釋，同時也長期進行儲存場環境輻射背景監測，確認沒有對居民造成危害劑量。放射性核種係凝固在水泥中，水泥塊不會燃燒，更不會爆炸，放射性核種會大量擴散到環境的機會是零；密封鋼桶表面的劑量率超過環境的背景值，但儲存場與民眾居住的社區有段距離，而一般民眾更不可能長時間待在儲存場內，故低階核廢料儲存場幾乎不會對附近的居民造成額外的危害劑量。以蘭嶼儲存場的運轉環境輻射時測值如下，民國 108 年 4 月 3 日 11 時 20 分，蘭嶼儲存場的背景輻射 0.031 微西弗／小時，蘭嶼椰油村 0.048 微西弗／小時，台北市 0.055 微西弗／小時，阿里山 0.096 微西弗／小時。蘭嶼儲存場的背景輻射可能是全國最低的，儲存場運轉近四十年，輻射對環境的累積影響微乎其微。看輻射監測的結果，要說蘭嶼的居民因為低階核廢料儲存場而健康受到影響，可能有些牽強。

根據原子能委員會的資料，我國四座核能電廠八部機組、核研所與其他業界所產生的運轉廢棄物及除役廢棄物共約 100 萬桶（核電廠約為 93 萬桶，核研所及其他單位約為 7 萬桶）。低階核廢料處置場所需要的面積為 100 公頃。依據「低放射性廢棄物最終處置設施場址設置條例」第 4 條規定，處置設施場址，不得位於下列地區：一、活動斷層或地質條件足以影響處置設施安全之地區；二、地球化學條件不利於有效抑制放射性核種汙染擴散，並足以影響處置設施安全之地區；三、地表或地下水文條件足以影響處置設施安全之地區；四、高人口密度之地區；五、其他依法不得開發之地區。全世界有超過百座

的低階核廢料處置場在營運，要在台灣找到符合前述條件的場址並不困難，目前已有適當的場址候選，但由於少數人的蓄意以無科學依據的言論混淆視聽，干擾選址程序，再回過頭來說核廢無解，藉以杯葛核電，達到其反核的目的。

核廢料——用過核燃料

核電廠每運轉 18～24 個月後，就必須更換燃料，自反應器退出的燃料束稱為用過核燃料。用過核燃料的燃料丸內有大量的長半衰期放射性核種，處置策略包括「直接處置」及「回收再利用」兩種方式。「直接處置」是將經妥善封裝的用過核燃料，長期或永遠貯存於合適的深層地質環境；「回收再利用」則是指回收用過核燃料中尚可使用的鈽與鈾，將剩下來的高階核廢料用玻璃固化後，再進行深層地質掩埋，這種作法符合資源回收與垃圾減量的普世價值，同時可以將高階放射性核廢料的體積與重量減至 1/20～1/10。如果人類在未來數十年內無法找到可以替代化石燃料的能源，前述再回收的核燃料將在人類能源供應上扮演非常重要的角色（圖 4-4、4-5、4-6）。

由於擔心用過核燃料再處理時，回收的鈽-239 有可能用於製造原子彈，造成核武擴散，美國卡特政府於 1979 年宣布終止用過核燃料再處理的技術發展，改為規劃將全部用過核燃料直接運至深層地質處置場做最終處置，與美國採取同樣政策的國家有瑞典、芬蘭等。但

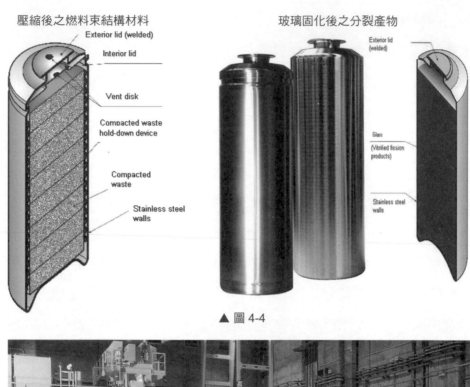

壓縮後之燃料束結構材料　　　　玻璃固化後之分裂產物

Exterior lid (welded)

Interior lid

Vent disk

Compacted waste
hold-down device

Compacted
waste

Stainless steel
walls

Exterior lid
(welded)

Glass

(Vitrified fission
products)

Stainless steel
walls

▲ 圖 4-4

▲ 圖 4-5 〔法國〕用過燃料處理廠及高階核廢料儲存建築內部空間

▲ 圖 4-6　〔法國〕用過燃料處理廠及高階核廢料儲存建築外觀

是其他核能使用國家各有不同的策略。阿根廷、比利時、巴西、英國、中國、法國、俄國、日本、匈牙利、印度、義大利、瑞士、烏克蘭等國選擇「回收再利用」；有些國家選擇兩個方法並行，包括德國、芬蘭、斯洛伐克、西班牙；也有些視後續技術的發展再做決定的，包括韓國、立陶宛、南非、加拿大、巴基斯坦等。有些國家雖然已有既定政策，但不排除保留日後變更的彈性，例如阿根廷、比利時、保加利亞、捷克、匈牙利、英國、瑞士等。選擇將用過核燃料「直接處置」的國家中，已選定場址的有瑞典與芬蘭，芬蘭已開始興建；美國很早就確認內華達州尤卡山為場址，處置場的設計也已完成，但由於政治的干預，遲遲無法完成廠址設計的安全審查，拿不到興建執照（圖 4-7、圖 4-8）。

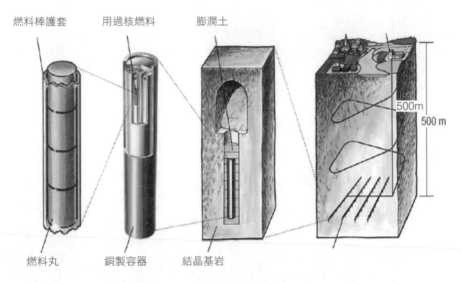

燃料棒護套　　用過核燃料　　膨潤土

500m

500 m

燃料丸　　　銅製容器　　結晶基岩

▲ 圖 4-7　〔瑞典〕用過核燃料直接處置示意圖

興建 2015 ～ 2022　　　　　　運轉 2023 ～ 2070

▲ 圖 4-8　〔瑞典〕用過核燃料的永久處置設施示意圖

目前台灣的政策是將核能電廠使用過核燃料視為高階放射性廢棄物，直接進行深層地質掩埋，場址選擇相關的地質探勘與技術發展都在進行中，後續期程依具體的規劃逐步執行中。根據規劃，用過核燃料深層地質處置場預定於 2055 年啟用。台灣八座核能機組運轉四十年產生的用過核燃料共約 7,714 噸，若運轉六十年則為 11,071 噸，處置設施面積約為 100 公頃。

核電廠所製造出來的長半衰期超鈾元素與長半衰期分裂產物約經過五萬年的時間，其剩餘的輻射強度會衰變至與天然鈾礦相當的活度。所以不論採用「直接處置」及「回收再利用」的方法，都需要面對如何確認處置方法可以維持五萬年，不讓放射性核種回到生物圈的質疑。除了這兩種方法外，還有別的選擇嗎？

透過用過核燃料再處理技術的精進，除了將可用的鈽與鈾回收，同時亦將剩下的超鈾元素與長半衰期的分裂產物分離，置於專門設計的反應器或次臨界裝置，利用中子或高能雷射撞擊前述核種，使之碎裂成短半衰期的核種，讓高階核廢料成為低階核廢料，即可大縮短需要照管的時間。事實上，很多國家在用過核燃料處置的決策上保留彈性，就是認為後續技術的發展可以徹底讓高階核廢料消失。

用過核燃料的乾式儲存設施

核能電廠自爐心退出的用過核燃料，會先置放於電廠中使用過核

燃料的儲存池。最初的構想，使用過的燃料在池中保存數年後，即可以運送到燃料再處理廠將可用的物料回收，剩下不可用的部分成為高階核廢料。用過核燃料需保存在水池中，是為了移除持續產生的衰變熱，這是所謂的「濕式」儲存。上世紀 1970 年代末期，美國卡特政府對於使用過核燃料再處理的政策有所保留，認為將使用過核燃料直接棄置於審慎評估、設計與施工的永久儲存設施，會是一個較好的選擇。由於美國政府能源部遲遲不能完成使用過核燃料永久儲存設施，許多核能電廠的使用過核燃料儲存池都不敷使用，電力公司都採用乾式儲存設施，暫時存放已冷卻多年的使用過核燃料。乾式儲存設施內部結構有特殊的設計，可以靠空氣的自然對流移除衰變熱，比濕式儲存需依賴水的強制對流來移熱更為安全，也更容易管理。乾式儲存設施的設計有嚴格的法規規範，施工過程亦受到法規管制單位的監督。至 2012 年底止，全世界的乾式儲存設施共有 124 座，分布於歐洲、美洲、亞洲等共 22 個國家，使用最久的已超過二十八年。乾式儲存設施的設計、施工與使用是一項可靠與成熟的技術。

台灣三座核能電廠，核一廠與核二廠的用過核燃料儲存池容積不夠，必須興建乾式儲存設施。核一廠乾式儲存設施（造價約 14 億），於 97 年取得原能會的興建許可後開始興建，所有的設施於 101 年完成功能測試，測試結果合乎原能會的安全要求。該設施無法運轉的原因為新北市政府不核發與設施安全無關之水土保持設施完工證明。當時的市長朱立倫先生曾表示，除非台電公司能夠證明使用過核燃料可

以移出新北市，否則不會核發完工證明。台電核一廠的使用過核燃料儲存池已無空間容納 105 年 3 月更換燃料退出之燃料，故提前停止運轉。核一廠的年發電量為 97 億度，如果用天然氣發電替代，一年花在買天然氣的錢就是 244 億！

新北市一直反對核二廠乾式儲存設施，水土保持的施工計畫都是由農委會介入核定的，但新北市不願意核定施工所需的「逕流水排放計畫」，設施遲遲無法開工。民國 105 年 11 月核二廠一號機，燃料池已滿，核二廠無法進行燃料更換。其實台電公司早有因應的替代方案，即將廠內一座新燃料儲存池改裝容納用過核燃料，騰出用過核燃料池的儲存空間，這樣的應急措施在美國也有先例可行，可是原能會遲遲不願核定！但面對民國 106 年夏季的供電缺口，原能會審查通過替代方案，核二廠一號機於 106 年 5 月再啟動。替代方案的通過，可以讓核二廠的兩部機組運轉到四十年，但若要延長使用年限，或者進行拆場與除役的工作，乾式儲存設施是一定要建的。

核三廠興建得較晚，用過燃料儲存池可以容納 40 年運轉產生的用過核燃料，但若要延長使用年限，或者進行拆場與除役的工作，同樣需要乾式儲存設施（圖 4-9、4-10、4-11）。

任何發電方式都會產生廢棄物

看完以上的描述，確實會有人認為用過核燃料無解！但應該不能

Maine Yankee Nuclear Power Station

Connecticut Yankee Nuclear Power Station

▲ 圖 4-9 〔美國〕用過核燃料乾式儲存設施

56 燃料束／容器

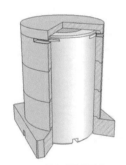

傳送儲存罐
外徑：1.7 米
高：4.84 米
重量：16.65 噸

傳送護箱
外徑：2.12 米
高：5.13 米
重量：48.16 噸

直立混凝土護箱
外徑：3.45 米
高：5.70 米
重量：112.73 噸

外加輻射屏蔽
外徑：4.20 米
高：6.03 米
重量：81.20 噸

▲ 圖 4-10 〔金山核電廠〕用過核燃料乾式儲存容器構造示意圖

▲ 圖 4-11　〔金山核電廠〕用過核燃料乾式儲存設施示意圖

否認用過核燃料已經受到妥善的照管。對台灣而言，用過核燃料與低階核廢料都是已經存在的問題，2025 年後繼續使用核能發電，會增加總量，但不會增加問題解決的困難度，反而可以降低核廢料處理的單位成本。世界上已在使用核能的國家，因為條件不同，能源政策會有差異，對核能也會採取不同的策略，但還沒有任何一個國家會是因為核廢料無解而放棄核能的。

　　所有發電方法都有廢棄物，都會對環境帶來影響，包括化石燃料會產生二氧化碳，燃煤發電排放的汙染物與 PM2.5，再生能源裝置製造過程中的汙染，即廢棄太陽能板與風機葉片，這些問題能解決

嗎？到目前為止，除了德國以外，沒有其他國家要在短期內放棄核能，倒是有些國家還積極地發展核能，知名環保人士麥可・謝倫柏格（Michael Shellenberger）認為，氣候變遷才是人類面臨最棘手的議題，而發展核能發電才是降低二氧化碳排放最有效的方式。

　　台灣是孤立的電網，就算再生能源能在七年內達到 20% 的目標，剩下的 80％靠什麼？高汙染的燃煤？還是運輸儲存不易，價格不穩定的天然氣？還有其他的選擇嗎？核能不完美，但台灣需要它。

消除「純核廢料」之理論基礎與工程設計

旅美核能專家　趙嘉崇

核廢料不是廢料

　　五年前有位媒體人訪問我，談核電，我無意中說了一句話：「核廢料不是廢料。」我立刻感覺到主持人的震驚，從那一刻起，整個訪談的主題完全轉到核廢料，當時他並沒有採信我所說的，因為事後的多次聯絡，他仍然希望我提供多一點有關核廢料的數據與實例。他的反應對我來說，也成為了我的震驚，因為這是一位見識廣闊、見解到位的媒體人，連他也對核廢料本質都不甚了解，我又豈能有任何寄望一般民眾能夠了解，甚至重視核廢料的價值。這是我必須面對的現實，而現在我也接受了這個現實。這篇文章是我針對這個現實做了一項我覺得應該做的工作，即介紹核廢料的真面目給大家，不推銷核電，又留在純粹傳播知識的範疇裡。

　　我會在這裡淺談幾個題目，包括：什麼是核廢料？核廢料如何產生？核廢料在科學上的意義、如何處理核廢料？誰能處理核廢料及世界各地核廢料處理的現況。

5 個概念，了解核廢料該何去何從

此文的安排是先呈現結論，把所要表達的概念先一一列出，然後在隨後的章節裡闡明解釋各項結論所需的細節。這種先呈現結論的方式，其目的是讓讀者避免深澀的理論，錯開枯燥又不必要的工程基礎，能夠直接又迅速接觸到並了解完全消除核廢料的幾個重點概念。

從科學的角度來看，核廢料是完全可以消除的，因為理論上消耗純核廢料的核反應是存在的。但是從現在日常生活的角度來看，也是一般民眾現在認知上，核廢料就是現在世界上各地核電廠用過一次的核燃料棒，儲存在廠內專用的水槽裡，完全無法處理，而遺害人間萬年。這兩種差異甚大的認知，我完全可以了解，畢竟核能與核子物理的專業與人們日常所需的話題，相去甚遠，甚至擁有高等學位的知識分子，因為不同行，大多數也認為用過一次的核燃料棒就是最終又無解的核廢料了。雖然這種認知不正確，但是純核廢可以完全被消滅的理論如果沒有工程上的實踐，就會淪為空談，此文會探討消滅純粹核廢料的理論基礎與工程上的設計，尤其會對工程上的發展，包括現在已經做到哪一步、是誰在做、剩下的工作是什麼、離開工程上的實踐或商業運轉，還需多久的時間等內容。

概念 1 核燃料棒使用一次後，尚有九成能量可用

結論裡所要傳達的第一個概念是核能電廠現正貯存在水槽中，幾

千束使用過一次的核燃料棒，在它們被用過一次後，裡面只消耗了 5% 的能量，尚有 90% 的能量可以再取出使用，最後剩下的 5% 廢料才是核電專業人所視為的最終核廢料，我稱之為「純核廢料」。

概念 2　核燃料可循環使用

第二個概念是，以上所描述的使用一次的核燃料，先在現在的核電廠使用 5% 的能量，再抽出其中 90% 的能量後繼續使用，這樣的敘述並不是為了現在要推銷核廢料或使用過一次的核燃料棒的剩餘價值，以達推廣核電的目的，而是人們在六十年前決定要開始發展核電時就有這個設計，甚至要依賴這個設計才能完整地實施核燃料循環使用的百年大計，這個設計仍然存在，只不過六十年中，世界有了政治、經濟、科技的變化與進展，使得百年大計的藍圖須有所改變，原來的設計也應適度的調整，以便適應這六十年內的變化。

概念 3　從已用過核原料棒中，提煉出新原料

第三個概念是，現在世界各地核能電廠產生並用過一次的核原料棒，已經有部分在二十年裡被提煉取出，那代表還有 90% 的能源，可鑄成新燃料又放回核電廠使用。有能力做提煉的國家是美國、俄羅斯、法國、英國，法國甚至在近幾十年裡替一些自己沒有提煉能力的國家做代工，請法國代工提煉的國家包括日本、瑞典、瑞士、比利時、德國及烏克蘭。把提煉出的原料鑄成新核燃料，再放回核電廠使用的國

家包括法國、日本，美國等。下圖（圖 4-12）顯示在法國境內的提煉廠及所有的核電廠與使用提煉出原料的核電廠。

▲ 圖 4-12 法國之核電廠、使用過核燃料之提煉廠，及使用已提煉核燃料之核電廠

資料來源：Mycle Schneider and Yves Marignac, Spent Nuclear Fuel Reprocessing in France, International Panel on Fissile Materials, April 2008.

概念 4　純核廢料被消除時，可幫助發電

第四個概念是，用過一次的自核燃料棒（即被一般民眾所認知的核廢料）被提煉出含 90% 能量的再使用核原料後，剩下最後 5%，即純核廢的物質，也可以完全被消滅，消滅的過程又能同時發電。世界上有很多國家正在這個議題上做研發，但是有大規模具強烈商轉企圖的國家是日本、法國、比利時及中國。各國準備商轉的時間表都指向在十五年內。

概念 5　透過機器可消滅純核廢料

第五個概念也是最後一個呈現在結論裡的概念是，消滅最後 5% 純核廢料的裝置稱為「加速器驅動次臨界核反應爐」（Accelerator Driven Subcritical System，簡稱 ADS）。大約十多年前，幾個國家包括法國、德國、比利時、瑞士、日本等，合資花了幾年的工夫在瑞士做了一個重大的實驗，實驗的成功證實了這種工程上的設計用來消滅純核的概念是可行的。用加速器做驅動的目的是要由外界產生快中子源，送入多量核廢料當作燃料的核反應器中，用快中子與核廢料元素產生核反應，藉著核反應把核廢料轉換成其他放射性不強或半衰期短的元素。這樣的核反應釋放的能量遠遠超過維持加速器運轉所需的能量，所以可以用於發電。

什麼是核廢料？

先談核原料，再談核廢料。世界上主要當作核能發電的基本原料是鈾 235 與鈽 239。因為此兩者有很強的核分裂能力，很容易促成核能發電所需的連鎖反應。當然地球上也有很多其他的元素具有核分裂的能力，但是其強度都不足，不能用在核電廠內做原料。鈾與鈽是有不同的原子數，代表著它們兩者是不同的物質。數字 235 與 239 代表同位素的指標，例如鈾的同位素有鈾 232、鈾 233、鈾 234、鈾 235、鈾 236 及鈾 238。自然界天然鈾礦中的鈾，絕大多數是鈾 238。現在世界上核電廠原料所需的基本原料是鈾 235，則需從鈾礦中經過特別程序再提煉出來，因為天然的鈾 235 極少。

現在世界上絕大多數的核電廠都是用核燃料棒，核燃料棒的主要成分是大約 5% 的鈾 235，其他的成分是鈾 238。鈾 235 是核分裂的主要成分，這種核反應會產生大量熱能是為核能的主要來源。

鈾 235 與中子的核反應會產生大量的熱能，同時也產生出 2 至 3 個中子與分裂物。

$$\text{鈾 235} + \text{中子} \longrightarrow \text{中子} + \text{中子} + \text{分裂物} + \text{熱能}$$

鈾 238 與中子不會產生核分裂及核反應，但是會經過一連串的後續核反應而產生出鈽 239，鈽 239 正好也是第二種核電原料，同時也

產生一些所謂的次要錒系元素（Minor Actinides），而這些元素就是高階核廢料，因為其放射性強，而且半衰期長，有的長達二十萬年，半衰期很長的概念是指這些放射性的強度要經過很長時間才能減弱。

圖 4-13 顯示出這些高階核廢料在週期表中的位置。錒系元素分成兩類，一類稱為主要錒系元素（Major Actinides），有兩個元素即鈾與鈽。第二類稱為次要錒系元素（Minor Actinides，或簡寫成 MA），

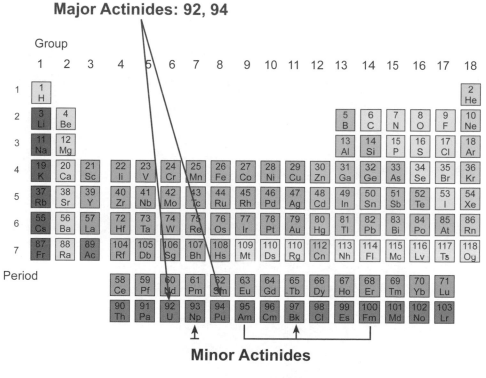

▲ 圖 4-13　錒系元素兩大類

包括了 Np93、Am95、 Cm96、Bk97、Cf98、Es99、Fm100 等。

鈾 238 ＋中子 ──（一連串核反應）────→ 鈽 239 （新燃料）

────→ 高階核廢料 Minor Actinides

　　本文所指的純核廢料只專注在此類的高階核廢料，也就是由核燃料棒內因為有了核反應而產生的鋼系元素（Minor Actinides）。核分裂物與低階核廢料沒有被包括在專注的範圍裡，原因是後者這兩類核反應產物的放射性強度低與壽命短，專業性的處理方式有一通用也達共識的策略，那就是壽命在一百年內的核產物，採用地面絕隔性貯存，經過一段時間它們的放射性強度就會變得很微弱，不必採取用消滅高階純核廢料的方式來處理。所以本文沒有列入這兩類核產物做深入討論。

從核廢料中提煉出核原料

　　從用過一次的核燃料中提煉出可再用的鈽與鈾，已經有四十年以上的歷史，圖 4-12 顯示出在法國的核廢料提煉廠。他們為自己的核電廠做提煉，也替其他國家做代工提煉，為時有三十多年了。多年以來，日本一直委託法國做提煉的代工，2018 年決定自己建廠在國內提煉。

　　從圖 4-14 則顯示出，從核廢料（即一般民眾用詞）又稱用過一次的核燃料（專業用詞）提煉出再生核燃料有兩種方法，第一種方法

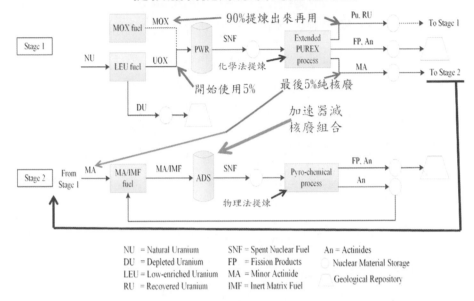

兩步（層）核燃料循環策略
從核廢料提煉原料的兩種方法

▲ 圖 4-14　兩層核燃料循環策略：從核廢料提煉原料的兩種方法

資料來源：Shengcheng Zhou, Hongchun Wu, Youqi Zheng, Flexibility of ADS for minor actinides transmutation in different two-stage PWR-ADS fuel cycle scenarios, Annals of Nuclear Energy 111 (2018) 271–279.

簡單稱之為化學法，即利用強酸與核廢料作用，因為內含的許多元素有不同的化學性，會產生不同的化學性鹽，而藉諸元素化學性之不同而使它們分開，這就是所示的 PUREX 方法。

　　第二種方法比較先進，在圖中所示的物理法或 Pyrochemical，是用電弧把料物加熱至高溫使之分解，再用不同電極來分開不同元素。提煉出來的鈽可放回現代核能電廠或新型的核能電廠使用。

用「加速器驅動次臨界核反應爐」消滅純核廢料

一個發電用的核反應爐要有能夠隨時達到臨界的能力，這是因為希望為了發電，一旦啟動了核反應爐，能量就可以持續性地釋出，而能夠持續地發電。發電的核反應爐要滿足隨時可以達成臨界的要求，就必須要有足夠的核燃料裝置在爐心中，這個結論是屬於核反應物理的範疇。避免太過於理論的探討，在此就不深述，只要了解用鈽 239 為主要燃料時，核反應爐必須要有足量的鈽 239，使之有隨時達成臨界的能力。

以鈽為主要燃料的核反應爐，其核反應是依賴有足夠的快中子來維持連鎖反應，所以要有足夠的鈽 239 來產生足夠的快中子。此外快中子也能夠與許多的次要錒系元素產生核反應，原因是這些放射性高、壽命長的次要錒系元素（即高階核廢料）也有一點核分裂的能力，這樣的核分裂也會為此而多產生了一些能量，也會藉此消耗這些次錒元素。

元素以鈽 239 為主要核燃料時，它與中子的核分裂核反應，產生分裂物的副產品與大量能量，但是也有部分的核分裂在核反應後會產生次要錒系元素，即高階核廢料。於是這類高階核廢料的產量就會與存在於核反應爐內鈽 239 的存量成正比。所以想要藉著爐內足量的鈽來生產足夠的快中子，用來消耗高階核廢料的策略會適得其反。所以如果要利用爐內快中子能夠有效地消耗次錒元素（高階核廢料）就必

減少爐內鈽 239 的存量。

　　但是一旦減少了爐內鈽 239 的存量，核爐的核反應物理所呈現的臨界就無法達成，臨界不成，生產中子的連鎖反應就中斷，爐內所需的中子就不夠了。為了補充因為臨界不達標而不夠的中子量，從外界傳送中子進入核爐來補足流量缺口的設計就因此而生，採用的概念就是藉外來的中子來補償原本可由連鎖反應自產的中子流量。加速器的目的就是要從外界製造中子，再送進核爐來完成這樣的補償。

　　加速器的基本功能是傳送高能的帶電粒子。在這個設計裡，用一個加速器以高速傳送有 10 億電子伏特（GeV）能量的質子，經過一個無阻礙的細空管進入核反應爐的中心，撞擊到置於核爐中心的特定撞靶產生快中子。能夠選為撞靶的元素必須具備一個核反應的特質，即這種元素被高速引入的質子撞擊後會產生快中子。快中子會向四面八方彈射出去，進入了核爐與鈽產生核分裂反應，再產生更多的中子，繼而與次錒元素產生核反應，把次錒元素轉變成放射性強度低、壽命短的元素，成功地消除高階核廢料。這種把元素用核反應轉變成不同的元素，稱之為嬗變（Transmutation），或如圖 4-15 所示的變種。

　　可以做成箭靶的元素有鉛、鉍、鎢等元素。鉛被列為首選，因為鉛本身經高溫熔成液體後可以當作冷卻劑。鉛也有很好的核物理特性，鉛與中子的核反應有助於保持快中子在核爐內的流量，鉛不會與空氣或水發生化學變化，就不會產生氫氣，沒有（像福島氫爆的）安全問題及顧慮。

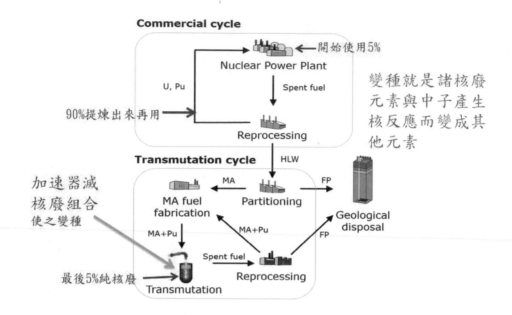

Commercial cycle

開始使用5%

Nuclear Power Plant

U, Pu

Spent fuel

90%提煉出來再用

Reprocessing

變種就是諸核廢
元素與中子產生
核反應而變成其
他元素

Transmutation cycle　HLW

加速器滅
核廢組合
使之變種

MA fuel
fabrication

MA

Partitioning

FP

Geological
disposal

MA+Pu

MA+Pu

FP

最後5%純核廢

Spent fuel

Reprocessing

Transmutation

▲ 圖 4-15　消除核廢靠快中子，使之變種，無害又可發電

資料來源：Takanori Sugawara, Ryota Katano, Kazufumi Tsujimoto, Impact of impurity in transmutation cycle on neutronics design of revised accelerator-driven system, Annals of Nuclear Energy 111 (2018) 449–459.

　　十多年前，比利時、法國、德國、日本等在瑞士聯合做了一個用加速器驅動次臨界核反應爐的實驗，實驗的成功促使幾個國家要建設大型的模型廠，準備在二十年內商業運轉。目前世界致力於這方面做研發的國家包括：瑞士、瑞典、捷克、德國、西班牙、俄羅斯、白俄羅斯、印度、義大利、韓國、美國。目前世界上有三大主流正積極發展要建設大型模型廠，並準備商業運轉，即中國、日本與歐盟。歐盟的主力是法國與比利時。

用加速器驅動次臨界核反應爐，藉快中子的核反應，來轉換高階核廢料元素變成沒有放射性元素。這個裝置可以藉著稱為變種或嬗變的方式，使高階核廢料的壽命由二十萬年減到兩百年，容積也縮減了百倍。

這樣的裝置藉著核爐內的核反應可以產生能量，並用來建立中規模的發電廠。其主要原因是，加速器所需的電量是核反應爐發電量的10% 左右，所以有淨餘能源做商業式的發電。原本對用核能來發電，並顧忌它會產生核廢料的考量不再存在，因為這樣的裝置等於把核廢料當成燃料。所以這樣的裝置或工廠，基本上並不單純是核廢料的焚化爐，而是把核廢料當成燃料，並在裝置內焚燒再產生能量，藉以發電。(註：焚化與焚燒名詞在此借用，取其比喻。核反應的能量交換是化學能的一億倍左右。)

美國核能學會開始積極關注核廢

美國核能學會不只是一個美國境內的學術組織，而是一個活躍的世界性組織，它的成員以專業分類成 22 個群組，其中一個新的群組稱為「加速器應用」（Accelerator Applications），成立至今也只有兩、三年。下表列出的 22 個專業群組，並以紅色標示出與「加速器驅動次臨界核反應爐」有密切關係的專業群組，這意味著這個技術議題是個越來越引人注目，越來越多研發與設計，與越來越多資源投入的技

表 1 美國核能學會的 22 個專業群組，其中 13 個與核能議題有關

• Accelerator Applications	• Mathematics & Computation
• Aerospace Nuclear Science &Technology	• Nuclear Criticality Safety
• Biology & Medicine	• Nuclear Installations Safety
• Decommissioning & Environmental Sciences	• Nuclear Nonproliferation Policy
• Education, Training & Workforce Development	• Operations & Power
• Fuel Cycle & Waste Management	• Radiation Protection & Shielding
• Fusion Energy	• Reactor Physics
• Human Factors, Instrumentation &Controls	• Robotics & Remote Systems
• Isotopes and Radiation	• Thermal Hydraulics
• Materials Science & Technology	• Young Members Group
• Nuclear Production of Hydrogen (WG)	• Computational Medical Physics (WG)

術，因為它意味著越來越可觀的收入。

　　最後，在此讓我回答一個常在網路看到的問題，題目是：「核廢料放你家好不好？」我的回答是：「沒問題，如果鄰居同意，但是我必須要擁有它的主權。」

圓桌論壇

從專家角度看台灣的能源配比

時間：2019 年 3 月 10 日

主持人：馬英九（馬英九基金會董事長）

與談人：江宜樺（長風基金會董事長）

　　　　林明儒（中華民國全國工業總會副理事長）

　　　　許舒博（中華民國全國商業總會副理事長）

　　　　陳鳳馨（資深媒體人）

　　　　黃士修（以核養綠公投領銜人）

馬英九董事長：

　　各位先進，各位女士、先生，我們花了一整天時間，把有關台灣能源問題的各個議題，都做一個初步的檢討。雖然還是有不同的意見，但是我相信達成一些原則性的共識並不是這麼困難，這點讓我感到非常欣慰。各種意見都出來了，不管彼此是不是都相互同意，都願意平心靜氣來討論。

　　宜樺，我想到五年前我們要封存核四的時候，真的沒有這樣的好環境。那年的 4 月 24 日我們在中央黨部，召集了北部的縣市首長、立法委員討論，大家都憂心忡忡。因為各位都知道，宜樺是在 2013 年 2 月開始擔任院長的，他到立法院做施政報告的時候，就表示願意把「核四是否停建」交付公投，那需要很大的勇氣，讓在場的民進黨委員嚇一大跳，沒想到國民黨會主動提議。但是

後來的發展，倒是國民黨委員有點擔心了，就算是討論要不要停建的問題也沒有發生過，有些反核的人還是擔心會影響到年底的選舉，在當時情況下，我跟宜樺不得不做出一個封存的決定。我在今天早上開場的時候也說過了，很多人搞不清楚封存是蝦米碗糕（編按：指國語的什麼東西），一直以為就是停建了，完全不是。就是當時時機不好，因此暫時停止運轉，然後保留它，再好好保養，等到時機好的時候再來處理。各位知道，封存這個字的英文字叫做「mothball」，你問美國人都知道，當冬天過了、春天來了，把冬衣收起來放到櫃子裡，會丟幾個樟腦丸進去，免得衣服被蟲咬，那個就是 mothball。實際上美國軍方不管是飛機、坦克或者軍艦都會封存。以前我在任總統時買的 P-3C 偵察機，看到飛機這麼舊，就是封存拿出來的，所以封存並沒有什麼了不起。

今天會議中大家的意見，還有民調的意見，都清楚顯示，大家在缺電的時候，願意來解除封存，讓核四能夠運轉，這點讓我們非常的欣慰。今天最後的論壇，我們特別邀請專家、業者，包括明儒兄，他是鋼鐵業的鉅子，而舒博兄是在服務業及金融界；還有陳鳳馨女士，是媒體的名嘴，尤其她最近訪問過關於核廢料再利用的著名美國學者趙嘉崇，做了一系列訪談。我想各位在 YouTube 上可能也看過。再加上黃士修，他非常勇敢推動「以核養綠」的過程中，奮不顧身以絕食抗議。那時候我們大家都很關

心他，但是不擔心他的健康，因為他可以瘦一點。所以後來還是非常成功的提出訴訟案，讓中選會不得不遵照台北高等行政法院的決定，讓他送件、收下來，讓「以核養綠」的公投能夠順利完成。就這點，這個年輕人真的讓我們刮目相看。

最後的圓桌論壇希望盡可能讓今天的討論有具體的共識，作為未來發展的一個參考。那麼就一位一位的來談，我們先從工業界及企業界先講。明儒兄，你對這個議題關心多年，以前一看到我就跟我抱怨，你現在機會來了。

林明儒副理事長：

各位與會的人士，大家好。首先，我要申明的是，我今天的發言並不代表我個人的見解。工業總會非常重現這次召開的民間能源會議，因此在 3 月 6 日已先行召集產業界，也就是工總產業界以及學者專家，共同討論今天在民間能源會議的立場跟見解。我要特別強調，我並不代表我個人，是代表工業總會的大家共同討論的結論。我只不過是接著大家的結論，然後在這裡報告。

首先，我要表達的是工業總會對能源政策基本的原則，第一，就是要穩定的供電；第二，就是合理的電價，工業總會及產業界，我們不在乎能源政策是怎樣，你只要給我們穩定的供電、合理的

電價，這就是我們的基本原則。

　　有關第一點，要特別說明，經濟部在 108 年也就是今年 1 月 30 日，公布能源相關公投後的回應，也就是說兩年內每年各減一個百分比的火力發電並決定核電不延役，核四不重啟，這是政府在 1 月 30 日公布的，公布的這個有關國家的除了能源政策，大家都曉得 50、30、20 之外，另外就是宣布這個。

　　第三點，我要特別聲明的就是，經濟部在 108 年 2 月 12 日召集工商團體溝通，在簡報之中報告中長期電力供應的狀況，經濟部的簡報說，2025 年前可維持備用容量率 15 個百分比，備轉容量率 10 個百分比，我想，很多人都認為這個數據太樂觀了，凡事不能說只是紙上作業，而且用這樣的一個態度，所以，產業界對未來能否供電有相當大的疑慮，我要特別強調，如果說有辦法維持備用容率 15%，備轉容量率 10%，然後合理的電價，我想今天我們就不用開會了，大家就拍拍手，鼓鼓掌，政府英明，我想我們也沒任何意見了，因為電力穩定、電價合理，大家對這樣的政府還有什麼意見呢？

　　但是為什麼產業界對現在的能源政策有很大的疑慮呢？ 2018 年發電的結構是：燃煤 38.8%、天然氣 38.6%、核能 11.4%、再生

能源 4.9%，其餘則是 6.3%，2025 年的能源配比則為燃氣 50%、燃煤 30、再生能源 20%，短短的七年之間，要做如此大的能源的配比的改變，我想大家都很清楚，電廠從開發地址的選址、環評、興建以及到完工取得許可，短則七、八年，長則二十、三十年，甚至遙遙無期，發電電廠的興建工程時間很長，但是政府卻要在短短七年之間，做這麼大的改變。產業界同意改變，但有兩件事，包括 2018 年 10 月 12 日賴清德院長宣布停止興建深澳燃煤電廠 1,200,000 瓩的基礎，以及今年的 3 月 4 日台中市市長盧秀燕要求中電 2025 年減煤四成、四號機組提前除役，同時也拒絕中電北送，雙重因素下將導致電力的缺口更為嚴重，產業界真的很擔心電力不足，在這樣的情況下，能源配比真的能夠按照政府計畫順利轉變嗎？

第三點，北電北部供電的失調，預計 2025 年，北部尖峰負載將比 2017 年增加 204.6 萬千瓦，隨著核一、核二及協和電廠的除役，以及不興建深澳電廠，雖然有新的基礎，大潭七至十號的發電機，北部的供電缺口將由 2017 年的 57.3 萬千瓦，擴大到 288.1 萬千瓦，這個剛剛梁老師也講了，已經超過中北幹輸電的能力。

再生能源方面，我想今天大家已經談了很多。未來再生能源發展，可以掌握的土地嚴重不足，要增加那麼多的太陽能以及離

岸風電，會有相當大的問題。而觀塘第三接收站，因為藻礁的問題，剛梁老師也提到，正常土地從 237 公頃縮減了十分之九，只剩 23 公頃，儲槽從四到六個變成只有兩個，台灣的天然氣供應不是從台灣隔壁，而是從許多中東國家運輸而來，不是我們自己說今天這艘船到、明天那艘船到就可以，儲槽從四到六個變成兩個，第三接收站從 200 多公頃變成 23 公頃，只要用一點腦筋想想就知道不夠用，何況連從香港飛到台灣飛機都會延遲，更何況是從中東來的船呢？

第四點，政府有許多關於電力成長與經濟成長的預測數字，產業界最擔心的就是這些經濟成長與電力增加的預測，這些預測的數字，真的能夠掌握準確嗎？有關於碳排放的問題，國際作出減排的承諾，台灣「國家自定預期貢獻」（INDC，即各國自行提出溫室氣體及減量目標）的 2030 年溫室減排，排放量將為現況發展 BAU 減量 50%，也相當於 2005 年排放量水準再減 20%，台灣雖然非聯合國的會員國，但依巴黎協定規定，每五年要檢討一次，下一次就是 2023 了，已經快到檢討各國排碳的成效，以及 INDC 達成目標的時間，政府應該要嚴肅地思考如何在 INDC 承諾以及國家利益間取得平衡。

最後，也就是結論，我代表工會總會強力地建議，將核電列

為備而不用的策略，以確保穩定的供電，我想，這個我特別要說明，去年（2018）6月8日，由於核二機組的重啟才不至於缺電，就是備而不用。凡事必須要有深謀遠慮，不要破釜沉舟，因為能源政策是一個永續政策，同時也攸關經濟發展與百姓福祉。最後要強調的是，目前政府以2025年作為能源政策規劃的目標太急促，能源政策攸關產業投資以及發展，建議應有更長遠的規劃，方能達到國家永續發展的目標，謝謝。

馬英九董事長：

謝謝，我們非常可以體會，明儒兄的感受已經幾近於悲憤。

林明儒副理事長：

我是代表工會總部發言。

馬英九董事長：

是是是，（笑聲）。

林明儒副理事長：

不代表我自己的見解。

馬英九董事長：

我了解，那麼，舒博兄，你代表金融界。

許舒博副理事長：

謝謝主席、馬總統、各位與會的來賓，我過去都在政治界，現在到商業界來，大家看到我好像不太習慣，但我還是要強調，商業總會跟工業總會就像兄弟一樣，對穩定供電、合理電價的需求是一致的，同時我們希望再加一個永續的環境，因為企業的投資，絕對不是 一年、兩年、五年，甚至於更長遠的企業經營是十年、二十年，從爸爸、爺爺一直傳承下來，沒有一個企業認為自己只投資十年，所以用十年來計算，看十年後會碰到什麼問題，所有企業投資都希望一個永續的環境。以台灣目前來說，沒有任何的自然資源，很多的資源都要靠外力，我們發電的資源來源包括煤、天然氣，都是有風險性且不穩定，而氣候、運輸，國際市場也都有不穩定的因素，我們受這些因素的影響非常大，所以我們的能源政策多樣化是必然的趨勢，也是必須要走的趨勢，然而政府用一些口號或其他方式限縮，將來容易產生危機。

台灣整個電力的配比，北部缺電，中南部的電沒有辦法北送，甚至於不想北送的問題，都會造成工商界非常大的疑慮。對於商總

而言，有 140 幾萬的店家，總共 141 個結構性的商會，所有的服務行業幾乎都在我們的商業總會裡面，電價的上漲對服務產業會產生非常大的打擊，尤其過去的小吃從 20 元、30 元到 35 元、40 元，每一次都是油電上漲時就開始找一個理由、一個出口，要提高價格，因為成本上漲，但是電價、油價下跌時，從來沒有看到肉圓從 50 元變回 25 元，所以會造成庶民經濟，也就是最底層的老百姓相當的不滿。服務業的店家都是小本經營，小本經營的用電也許只有一點點，但占它的營業成本可以說非常大，尤其民間的這些用電，舉例來說，比如開洗衣店，沒電怎麼洗？美容美髮沒電，你洗了頭誰吹？在那邊風乾嗎？不可能的嘛！所以有很多東西必須要用電，電還是占我們很重要的一個因素。

能源成本增加後，不利投資跟企業的發展，一個供電不穩定的環境，企業不可能回來投資。中美貿易戰下，很多的台商考慮回流台灣增加投資，尤其是製造業。如果廠商回流台灣投資，需不需要增加供電？現在的政府告訴我們，將來的用電不會增加，絕對可以在控制的範圍內，這意思就是台灣沒有發展、沒有未來了，不希望台商回來投資。台灣既然希望有未來，也有這麼多台商希望再回到國內來投資，那它需不需要用電？當然要，用電量當然會提升，尤其現在經濟成長，每天用的電比以前更多，回到家不可能不開電燈，你不可能像以前一樣，電力的發展一定會往

上攀升。由此可見，穩定的供電跟合理的價位，對產業界來說非常重要。

此外，我們需要一個永續的環境，能源政策配比如果要有重大改變，必須要用另外一個方面來看。我最近跑了台中、高雄，從大樓上面往外看，都是霧濛濛一片，我們每天都要呼吸，你不可能叫我天天戴口罩，我真的戴不習慣，我每次出去戴口罩都覺得很痛苦，也不能叫民眾天天戴，走在路上好像變成蒙面人的國家，每一個人都蒙面。在這種狀態之下，我期待，能源政策裡燃煤的部分要大幅度降低，天然氣應該大幅度的升高，甚至自然發電、天然發電都要大幅升高。

在我擔任立委十八年期間，其中有十二年是經濟委員會的召委及主席，每一次都為了核能到底要不要用在思考，核一、核二、核三就像是你的老車用了十年、二十年、三十年，今天突然要換一部新車，若你選擇不用新車還是繼續用老車，邏輯我真的聽不懂。既然過去這麼多年都用這台老車，用到現在也很好，那為什麼不要換新車？所以核四歷經了很多年，真的很痛苦，當然政權的轉移以後開始又不同了，核四當初要設，當然是為了永續的能源發展，就是要汰換舊車來換新車，不然我們為什麼要製造新車，繼續用舊車就好，但新車的性能當然比舊車還來得好，穩定性、安全性當然也比較好。

最後，現在政府說不要核四，那請問核一、核二要不要？核一及核二時間到了還要延長，為什麼要延長？因為供電不穩定，所以對企業界來說，我們還是希望看到台灣經濟持續地發展，所有的廠商、台商，及希望在台灣投資，在這塊土地上的工商企業界，衷心地期盼一個永續的經營環境，否則，不是只有我們不能在這裡生存，很多外商都要出走。因此希望政府在能源政策中也能將核電納入採量。我真的很佩服林明儒所講的，不要說破釜沉舟，還是要有備而不用的思考。假使做什麼事情都沒有退路時，不要這個、不要那個，那最後什麼都沒有，所以我想站在工商企業界的立場，我們和工總的立場是一致的，希望有一個供電穩定、電價合理，及永續發展的環境，讓企業可以在台灣投資十年、二十年、三十年，甚至於上百年，我想這是一個我們共同的目標跟理想，在這裡跟各位做一個報告，謝謝。

馬英九董事長：

好，謝謝。接下來請「以核養綠」公投的領銜人黃士修先生報告。

黃士修領銜人：

各位朋友大家好，今天這一整天下來，我們講了非常多政策面跟技術面的東西，我想要補充一些沒有提到的，就是人的因素。

馬克吐溫說過一句話：「世界上的謊言有三種，就是謊言、該死的謊言，跟統計數字。」我們過去這些政策，無論是經濟部，以及民間智庫專家做的預測，基本上我們是以 2,500 億度的用電量來做估算的。可是經濟部在選後，終於承認過去低估用電成長量。

　　這當然有很多政治的原因，包括進入政府體制的公民團體，包括綠盟跟台大風險中心，壓著經濟部跟能源局，在選前低估了用電成長率，只低估到百分之零點幾。

　　如果過去我們預測的用電量是 2,500 億度，可是未來，非常有可能到 3,000 億度的情況下，那代表什麼？代表現在所有的核能機組、火力機組、風力、太陽能，所有的能源全部上線，可能都還不夠。

　　這也呼應了今天早上江宜樺董事長所說的，反深澳公投通過了，如果以政府這樣曲解法律，兩年之後，這個公投的效力「自動作廢」的情況下，那深澳電廠是不是就會回來？深澳兩部機組還比不過核四廠一部機組的發電量。

　　這件事情又讓我想到，2017 年 11 月 17 日，民進黨立委葉宜津曾經召開一場離岸風電發展問題之立法院公聽會。

這場公聽會為什麼會讓我印象深刻？因為，葉委員大剌剌就在立法院的直播鏡頭前，對著所有離岸風電業者說出：「國民黨只要把核四那個開關扳上去，我們全部都倒，我們全場都倒，民進黨倒、各位開發商，大家一起倒，你們說是不是？」

這些東西你私下講就算了，你在立法院召開一個公聽會，然後在直播鏡頭面前這樣講。這個邏輯是什麼？原本我們有了核一二三四，我們原本可以不缺電。但是因為我們意識形態的廢核，造成了電力缺口。缺電之後，我們就有去購買 2 兆元離岸風電的理由。這叫政治尋租，這是一個尋租（rent-seeking）的行為。

我們看到公投通過之後，明明 2025 非核家園的限制已經解除了，經濟部應該是拿著這個當作談判的籌碼，去跟這些歐洲的開發商，談一個更好的、更實惠的價格。可是沒有，我們看到的是經濟部長沈榮津宛如一個買辦的嘴臉。

事實上，在公投通過之後的 12 月跟 1 月，那兩個月之內，我們也有一些情資，駐外單位一個一個的把各國代表帶進經濟部，跟經濟部長閉門會談。你不要以為我們都不知道，當然我不知道你們閉門談了什麼啦，但是你們不要以為我們都不知道這些事情。

所以我們就看到了，在選後，我們的離岸風電是大開後門，程序上有一大堆違法爭議，但他還是硬幹。

　　但是我們要反過來思考，在商言商，這些開發商不外乎就是想要賺錢，包括在座工商界的這些長輩們，也參與整個再生能源的產業鏈。

　　我覺得台灣要扶植再生能源發展，這絕對是無悔的選擇，呼應李敏老師所說的話。可是，我們的成本是不是可負擔的？或是我們換個角度想，我們能不能透過以核養綠創造額外的價值？讓以前被有心人士塑造為對立的核能跟再生能源，能夠化解這樣的衝突，真正實現「以核養綠」。

　　「以核養綠」並不是未來式，過去我們的再生能源發展條例，是馬總統在 2008 年選總統時的政見。在他當選之後，2009 年修法通過。

　　我們現在的風電跟光電之所以有補貼，扶植它的成長，源自於這個再生能源發展條例，以及再生能源發展基金。這些基金的財源，就是來自於核能跟火力這些傳統性發電。問題就是，你要以火養綠，還是以核養綠？

如果我們能夠重新啟用核四，每年 200 億度的電，可以提供多少利潤給這一些再生能源、節能、儲能、智慧電網、能源轉型。大家應該是一個互利共生的結構，也才能夠讓整個國家邁向 Clean Energy 的能源轉型。

我要強調的是人的因素。我們這一整天來講了很多技術層面的東西，可是這幾十年來，為什麼核能或燃煤的政策，一直都有這麼大的社會爭議？因為很多時候，我們這些技術專家沒有考慮到人的因素，而政治人物也沒辦法得到專業支援。

可是我覺得，去年的這場公投是一個開端。公投作為一把鑰匙，把人包括社會、政治、技術跟政策串聯起來。所以我在公投通過之後，多次跟媒體強調，我樂意幫任何人解套。

比如朱立倫市長現在不在場，但早上時我跟他打招呼，在此之前我也跟他講了，我樂意幫任何人解套。各位也看到了，朱市長從善如流開始轉向了。當然，民間對他的信任度可能還不夠，所以我們可以持續地溝通，持續地互相理解。

不只是新北市，包括民進黨也是。在去年的公投期間，其實有非常多民進黨的黨公職朋友，私底下支持我們，因為這件事情

是不分藍綠的。他們也非常疑惑，為什麼民主進步黨被少數的高層所綁架了？

關鍵在於，我們的國會到底怎麼了？公投，就是為了要打破這樣子的代議民主失靈、政府失靈的情況，這就是公投存在的目的，而我們獲得了第一步的成功。今年我們要進行第二步，以核養綠的二部曲。

剛好在場也有幾位國民黨的立法委員，我也要拜託委員們一些事情。民進黨團說 3 月底前要推出黨團版的公投法修法草案。我們可以看到，民進黨跟中選會完全就是要不擇手段地把公投跟大選脫鉤，其中有幾個我覺得最嚴重的問題。

第一個就是身分證影本的事情。我們去年投公投，只要簽戶籍、姓名地址跟身分證字號就好。民進黨現在說通通都要附上身分證影本。

試問，真的有去街頭收過連署的，怎麼會帶一台影印機出門？民進黨就說，因為有死人連署的問題。正好，小弟我身為去年的公投領銜人，去年十個案子的領銜人，全部都被中選會控告偽造文書，因為死人連署。

合格率最高的、不合格率最低的、死人連署率最低的，是婚姻平權案。次低的，是我們以核養綠案，在 30 多萬份之中，大概只有一百位在連署期間過世。我猜可能是因為民眾求好心切，這無可厚非。

　　我個人支持婚姻平權，也不排斥專法。但我要強調的是，即便婚姻平權案的合格率再高，不合格率再低，成案了，不會通過的案子、沒有社會共識的案子，它還是不會過，所以其實並不是什麼公投亂象。

　　民進黨忽略了一件事情，各位可能不知道，去年從 1 月到 11 月選前，總共有 37 個公投提案提交到中選會，最後只有 10 個成案，其中 7 個通過、3 個被否決。

　　你們覺得這是一個輕而易舉就可以達到的門檻嗎？不，這仍然是一個很高的門檻，所以它不存在所謂公投亂象。在選務上的困難混亂，是由中選會所造成。

　　所以我們要呼籲國民黨的立委，接下來 3 月底 4 月初，我們要先守護民主這一仗，我們要先把公投法的民主參與精神給守護住。這方面我們也會跟在野黨立委聯合，甚至不只是國民黨，也

包括親民黨，更包括時代力量。

因為當初「成案後一到六個月內遇全國性選舉，應合併大選舉行」的這條法案，是由黃國昌委員提的。近期我一定會去聯絡黃國昌委員，我要請他出來說話。我們在核能立場上是對立的，可是在守護民主的精神，我們應該是一致的。在野黨跟民間應該要聯合起來，去對抗執政黨的違法亂權。

如果公投被脫鉤舉行，中選會去年的說法是單獨舉行，公投會額外花 8 億元的公帑，每加一個案子再加 2 億元新台幣。請問有 10 億元的預算，你怕請不到選務人員嗎？你怕不能夠增設票匭跟圈票處嗎？這全部都是技術性的問題，為此修法大幅提升門檻，不成比例。

最後我提個意見，民進黨現在要求公投連署要身分證影本，這太小家子氣。乾脆要身分證正本吧！開放戶政事務所提供連署，由本人持身分證親自辦理。

我兩週前丟了錢包，直到前幾天才有時間去戶政事務所補辦，現在辦身分證真的很方便，我事前先上內政部網站上傳照片。當天我到中正區的戶政事務所，當場辦、當場領。

所以我就有個點子，很多公投提案包括安樂死，包括動保，這些議題都是叫好不叫座，沒有組織、沒有資源，更沒有媒體話語權，資訊擴散不出去。政府是不是應該提供公共連署服務，讓一個好的倡議能夠被公投、能夠被進行？

　　如果民進黨立委要求身分證影本，請你們答應直接到戶政事務所拿身分證正本登記公投連署，這樣甚至可以省下民間團體收集連署書，遞交給中選會，中選會再發給戶政機關，浪費時間和人力往返查對，以及中選會濫定不合格的違法爭議。

　　我 3 月 12 日要下台中開偵查庭，我會利用這個機會向檢察官舉發犯罪，9,492 張被中選會判定沒有簽名的連署書，到底長什麼樣子。而且你們中選會搞到不該搞的人了，那個人叫張善政。張善政院長已經跟我們聯繫，提供他的戶口名簿跟身分證影本，我們確定他是絕對符合資格的，可是他也被偷偷地幹掉了。

　　我們就來看中選會到底要怎麼交代去年的案子跟今年的案子，我們希望中華民國是一個民主法治的國家，謝謝。

馬英九董事長：

謝謝你讓我們知道很多我們不知道的事情。接下來請名記者

同時也是電視名嘴的陳鳳馨小姐，她最近做了一系列有關核能的節目，訪問旅美核能專家趙嘉崇博士，是不是來跟我們表達一下妳的看法。

陳鳳馨女士：

各位好，我真的不是專家，但是我想我唯一有資格坐在這裡，就是去年因緣際會跟推動「以核養綠」公投的學者、專家合作，推出一連串的直播訪問。各位可以想像就是十幾場，每一場要訪問不同的核能專業議題，我不但要聽懂，還要當場用一般民眾能懂的語言翻譯，所以我那段期間腦細胞死了非常多。不過這一段密集的學習對我的影響非常大，我不擁核我也並不反核，我是一個科技信仰者，我相信所有舊科技產生的問題都可以用新科技來解決，只要我們有心。我們不應該回到原始時代，原始時代的地球已經沒法養活 70 幾億人口，只有新科技才能夠解決舊科技遺留下來的問題，所以我對所有的科技發展都抱持著一個開放的態度。

所以我要提出第一點，科技的發展會出現什麼變化我們是沒有辦法真正預測，最近橋水基金的創辦人 Ray Dalio 出了一本書叫做《原則》，他提了一個「不斷地螺旋向上」理論，他自己一生信奉的就是痛苦加反省會等於進步，所以他每次失敗後，反省了就會進步，他會對每一件事情設定好目標，可是你要達到目標之

前通常會先碰到問題，這時候就必須徹底檢討它的問題根源之後找到執行方案，之後才能夠真正再回到那個目標，接著向上提升，可是那個徹底的反省很重要，我就回到科技，我覺得再生能源當初擘劃的遠景很好，我想沒有人聽了不心動，但是現在非常認真的破釜沉舟執行後，就發現問題一大堆。

我記得小的時候，核能是很不得了的，那時代是核能報國的年代，所以我真的在高雄女中時的第一志願是清大核工系，我還記得清大核工系在所有甲組科系中排名第八，排名很前面。但現在就發現，核能也出了很多問題。可是核能的問題是需要新的核能去解決它，同樣地，再生能源問題是需要新的再生能源去解決。我這邊就要提一個我自己的觀察，在座其實有非常多的前行政院院長，我在這邊就有一點班門弄斧，我覺得我們各種能源的糾結，最後常常會糾結在台電無法解決，因為我們所有能源的研究跟能源的決策都由台電來處理，可是台電它是個執行單位、營利機構，並不是真正的研究單位，而且位階很低。可是在我們的行政機構裡，經濟部有產業政策發展的責任，可是沒有科技研發的責任；科技部有科技研發的責任，但沒有產業發展跟能源發展責任。原能會是負責管核能的，也沒有科技發展的職權，結果能源政策中的新科技發展其實是沒有人研究。但我們應該遍尋各式各樣的新能源發展途徑。我同意再生能源的價格是不斷地在降低，但它最

低會低到哪裡，它在每一個地區碰到的問題在哪裡，其實在台灣沒有真正的被解答。

同樣地，假設我們希望核廢料能夠再處理成未來核燃料，其實必須要新核能政策，可是沒有人真正的去研究它，我們的組織架構看似很多，但其實對於新能源這件事是沒有一個研究單位，或是一個可執行的單位，所以我建議未來的政府組織架構裡，必須要一個直屬總統，或直屬行政院長的新能源研究中心，當然你可以叫它能源研究中心我覺得也無所謂，但我覺得大家都會喜新厭舊，所以加一個新能源感覺上就很新，這名稱我純粹是為了跟民眾溝通用。

這機構必須盤點台灣到底需要的是什麼，你說生質能也許有機會，但我們不知道生質能真的大力推廣時，碰到的問題可能變缺糧的問題，都是有可能的，所以保持著研究、追蹤，而且要鼓勵產業，那個鼓勵政策就是可能更高於經濟部的，很重要的是人才，我現在很擔心的是，我們經過這一波消耗之後，我們的核能人才還能不能維持未來核能的延續，這是我現在最憂心的一件事。所以我希望有一個更高位階的單位，如此一來，各方人士就比較不至於都去台電做尋租的政策壓迫，可能會去壓迫著新能源研究中心，但無論如何它因為位階相對比較高，抵抗能力稍微強一點。

最後我要提一個就是「溝通」的問題。我講一個小小的故事，我一個朋友他在台大教經濟系，他們安排每一個教授輪流教大一經濟學。這是非商學院的學生都來修的，他的課很熱門，抽籤後共 200 人上課。第一堂課他想要讓大家知道什麼叫選擇，因為從經濟學的角度，所有經濟就是選擇。他設計了一個題目，第一問大家你贊成核能嗎？他想大家一定不贊成，接著就問，那你贊成為了這個火力發電嗎？第三題再問，你贊成漲電價嗎？要讓大家藉由這樣循序漸進的方式了解選擇的重要性。於是他開始問了，反對核能的請舉手，現場只有兩個人舉手，他嚇了一跳，他想可能因為才早上 8 點，大家可能還沒睡醒，就倒過來問，贊成核能的舉手，現場 195 個人舉手。這些學生破了他的梗，害他後面的題目都沒辦法問下去。他沒想到風向變得這麼快，他跟我講了這個故事，我覺得風向其實變化速度永遠是這麼快，但說穿了民眾在乎的就是安全，2011 年福島核災之後民眾在乎的是核安，到了 2017 年 8 月 15 日大停電之後，人們在乎的就是不缺電的安全，所以風向轉變了。

　　在這段期間，我為了核能議題，跟很多不同行業的民眾聊天，大家第一個談的就是核安，他們最常提到的論點是，福島核災發生在日本，日本人都做不到的事情你覺得台電做得到嗎？這句話非常中傷，雖然我們都知道，福島核電廠其實是很糟的，日本發

生地震時，距離震央最近的女川核電廠一切安好，因此福島核災是福島電廠的問題，不是所有日本人的問題。但是一般民眾不了解，也不容易清楚。民眾溝通常常是根據很簡單的情緒，所以我大膽地建議，我知道有很多核能專家說國際上沒有檢查核能安全的組織，但是還是有幾個公認公正的組織，請這些組織來台檢查，比較能消除人民的疑慮，因為在台灣一般人真的覺得外來的和尚會念經。

第二個就是核廢料，這是剛才馬總統特別提到的，我訪問趙博士所學習到的，原來我們的燃料棒只用了 5% 的核能，現在的核廢料其實還有 95% 的核能，最新的技術是希望能夠把這 95% 中的 90% 全部用掉，剩下 5% 之後，它的核輻射就變得很少，而且技術已有進展，因此我才想到了一個口號，叫做「今日核廢料，明日核燃料」。這個對於很多家庭主婦來說很有說服力，可是，如果要這麼做就需要長遠的核能政策，就是回到剛剛提到的新能源研究中心，如果沒有長遠的核能政策，就不會有新一代的反應爐處理現在的核廢料。我的報告到此，謝謝。

馬英九董事長：

好，我們最後一位與談人，也是我們江前院長。

江宜樺董事長：

　　主持人、與談人、各位女士先生，大家好！很榮幸能在今天的圓桌論壇跟各位分享一下我的想法。各位可以看到今天的議程安排，從上午的專題演講到後面的三場論壇，我們都是邀請學者專家發表觀點，但是到了這一場，在座的有工商業界代表、有資深媒體人、有推動公投運動的年輕朋友，組成比較不一樣。我自己同樣也不是能源領域的學者專家，但是在我們國家能源政策的發展過程中，尤其是跟核四有關的事情上，我是一個曾經參與過政府決策的人，因此我就從政府決策這個角度，來跟各位分享一下我是怎麼思考台灣能源政策的過去跟未來。

　　能源政策是國家重要政策之一，它的重要性不是只在於電價高低問題而已。經過今天的討論，各位其實都可以看得出來，能源政策牽涉到我們經濟產業的發展、牽涉到民生基本需求、牽涉到國家安全，也牽涉到國民健康。因為決定用哪一種能源多一點、少一點，可能對環境品質、對身體健康、對國家安危都有影響。正因為能源問題如此重要，所以在決定能源政策的時候，不容許有太多個人的好惡。政府的決策者及所有負責任的政治人物，都必須從各方面的因素衡量，來看這個影響重大的公共政策究竟應該怎麼做，而不能只憑自己的主觀價值做決定。

我年輕時原本是一個溫和的反核者，所謂溫和的反核者，是說我年輕的時候隱隱約約覺得核廢料有一點風險，如果能夠不用核電是不是比較好一點？因為我寧可多付一點電費，少一點風險。我當時想：萬一核廢料將來無法妥善處理，我們能不能儘量不要產生核廢料，這樣對子孫是不是比較負責？相信有這種想法的人應該不少。我今天早上聽到王明鉅醫師的報告，我猜想他以前應該也有類似的心情。前幾天我看到臉書上傳來趙少康先生寫的一篇短文，也是在講他從前也是反核，但是他最近的想法有些改變，因為越來越多的環境衛生及健康案例，讓他對應否使用核能有了新的思考。當我們對能源政策的後果了解得越多，就不會單純只想著反核與否的問題。

　　當一個人認真面對國家重大政策的時候，就必須將個人的主觀偏好放在一邊，換另一個角度來思考，也就是當一個負責的決策者。我開始進入政府服務的時候，並不負責能源政策，後來慢慢有機會關注到這個議題，就知道必須考慮的因素很多。我必須說，以台灣現有的能源選項來講，包括燃煤、天然氣、核能，還有再生能源等，一項一項去做客觀理性的分析之後，就知道我們不能反核，因為核電占了全國發電總量的 17% 左右，在其他能源還沒有發展到足以取代核電之前，就貿然廢核或反核，將會讓台灣陷於很嚴重的困境。雖然當時在政府團隊裡，有一位非常資深

的政治人物總是告訴總統反核是潮流，不反核就沒有選票，因此我們絕對不能讓人家覺得我們是擁核；但是我心裡非常清楚，政治家不可以跟著善變的民意走，我也清楚台灣沒有本錢反核。

當時反核運動所推動的反核，就是既有的核能第一、第二、第三電廠屆期就立即除役，而核四則不要啟用。但是對於核電停用之後所產生的電力缺口，他們要不是認為台灣經濟發展不需要這些電力，要不就全部寄託在再生能源出現奇蹟式的增長。可是當時再生能源只占 3% 不到，根本不可能在短短幾年內暴增到20%，何況全世界儲能的技術都還沒有突破。這種冒進的反核作法，將會使台灣的能源政策進入一個浩劫，影響到電力供應、國家安全、環境汙染、國民健康等各種層面。當我越了解實際的限制後，我就從年輕時的溫和反核者，變成務實的用核者。我主張要用核電，因為如果不用核電、不讓核電承擔階段性的任務，將來台灣很多重要的生活層面都會出問題。

可是就在這個時候，很不幸地發生了 2011 年東日本大地震跟福島核災。這個事件發生時，我還是內政部長，不是行政院長。但是事件一發生，我幾乎就知道當時政府正在推動的重啟核四政策，將會遭遇到極端嚴峻的挑戰。果然在那個事件接下來的幾年，台灣的反核聲浪日增，從本來只是一小群人，慢慢變成是一種普遍性的

運動，乃至於最後出現比較激進的反核派，而不是溫和的反核派。激進的反核人士高喊「我是人，我反核！」當你面對這樣的運動時，你已經沒有辦法再好好去溝通了。

2013 年我接任行政院長，上任後第一件重要事情就是「核四應該怎麼辦？」為什麼會聚焦於核四呢？因為民進黨跟民間反核人士結合，要求政府廢掉核四電廠。其實政府並沒有說不支持再生能源，也沒有說不加快天然氣接收站的興建，那些都是該做的事情，沒有問題。唯一有爭執的就是：核電還要不要繼續使用一段時間？以及核四究竟要不要進入商轉？這就是 2013 年到 2014 年碰到的具體決策情境。這件事情後來雖然經過了專業團隊的安檢，也經過了願意接受公投的檢驗，但最終還是敵不過有組織的反核運動而功敗垂成。

這裡要強調的是，行政院一直都持續做民調。從民調的結果來看，一直有過半的民意支持啟用核四，但是反對核四人士是非常有組織地在影響整個輿論界，以至於到後來只要是支持核四的聲音，就被打得一塌糊塗。我想馬總統當時的處境也是非常艱難，因為他面對的不只是社會輿論的氛圍，還包括了自己的執政黨裡，都出現了不同的聲音。這種聲音跟選票的考慮有關，不惜跟黨中央的政策唱反調。最後，在執政黨內部沒有辦法凝聚意志的情況

下，再加上若干地方政府首長的猶豫跟反對，使得國民黨在 2014 年 4 月做出核四封存的決定。

對這個核四封存，我也必須趁今天的機會講清楚一點。現在的蔡政府每次講到核四不能使用的時候，都會說馬政府自己把核四封存，而封存不就是廢棄核四嗎？各位要知道，這是一種扭曲原意的說法。當時民進黨一再要求將核四廢棄，甚至改成博物館，而我們的立場則是無論如何要想辦法讓核四保留一線生機。在當時內外激盪的環境下，最後總統決定用封存電廠的方式處理。所謂「封存」，就是把核四電廠凍結在當時已經完工的情況，暫時不予啟動，看以後我們是不是真的碰到缺電的危機，或是民意反轉的時候，再來啟用這座核電廠。所以當時核四封存的決議文是說：「核四安檢完成後，不放置燃料棒、不運轉。日後啟用核四時，須經公民投票。」這個決議文其實替核四保留了一線生機。雖然當時所做的這個決議，如果是從支持核電的角度來看，可以說是一個挫敗；但是如果從反核的角度來講，反核人士及民進黨事實上覺得很不甘心，因為他們原本想把核四一舉毀滅，而這個企圖並沒有得逞。

我從政府決策的角度，必須承認當時心裡真的很難過，因為這是專業不敵民粹的結果。但是如果拚到最後，還可以幫核四保

留一線生機的話，那就先接受這個決定吧！究竟哪一天民意才會翻轉，坦白說我們並不知道。但是時間過得很快，隨著民進黨上台執政，力推 2025 非核家園，然後經過 815 大停電，接著有「以核養綠」公投的提出以及通過，我們看到民意開始轉向，逐漸傾向於願意使用核電，而這個核電包括了核一、核二、核三的延役，以及核四的重啟。這條路還沒有走完，可能會很漫長、很辛苦。為什麼辛苦呢？因為很多問題，如果只是專業的科學技術問題，也許比較容易解決；但是當它變成一個政治問題的時候，就非常複雜。今天核電的議題已經變成一個政治問題了，政治問題只能用政治方法解決，無法用科學方法解決。在公共政策的討論中，我非常期待能用理性溝通的方式，像我們今天的會議一樣，讓不同意見都能理性溝通。但是當問題到了最後，必須做一個政治決定的時候，我們就必須用政治解決，無論是透過選票或公投。以上是我一些粗淺的看法，請大家指教。謝謝！

馬英九董事長：

謝謝！時間也差不多，那我們把時間留給大家發言，沒有發言過的優先，請講！

民眾 A：

核四核廢料到東引島，從蘇澳港到東引島只要一個小時，位在

馬祖北方的東引島是花崗岩島，是非常合適核廢料貯存場的地方。我民國 61 年在那裡當兵，開了很多的花崗岩通道，非常大而且東引發電廠在花崗岩裡。

馬英九董事長：

好有遠見。

民眾 B：

最重要一點，為什麼反核四？中共最高領導劉少奇的孫子劉敏透漏給我，反核四的原因是有一家國內最大的銀行要去併購大陸一家私人銀行，大陸給它一個問題，把台灣的核四廢掉，就提供讓渡金 100 億，拿 100 億讓 12 萬人到凱達格蘭大道做反核運動，做了好幾次，每人發 1,000 元走路費，所以非核家園是中共的陰謀。

馬英九董事長：

好！我會記下來。

民眾 C：

馬總統、江前院長和在座各位先進，因時間的關係，我簡短地補充。其實一個月前我在質詢蘇貞昌院長的時候，謝謝在座的葉教授等幾位專家到立法院辦公室給我一些指教。首先，關於核

廢料的地點，其實烏坵是張景森政務委員去年一月開會時，行政院的院會裡已有一個決議，兩年內必須要針對烏坵的地點要做出決議。

針對烏坵地點要做出決議已經過了一年，所以明年（2020）1月烏坵適不適合作為這個低階核廢料的放置場所，必須要做出決議。而我在質詢蘇貞昌時，發現蘇貞昌搞不清楚狀況，顯然張景森並沒有跟他報告，另外我想很重要的部分，就像各位先進談到的哈佛大學癌症生物學（Cancer Biology），引起癌症的三大原因，一個是病毒，另一個是環境的致癌物，最後一個則是輻射（Radiation）。為什麼像鳳馨提到民眾開始反思這樣子的情況，就是因為空氣汙染無所不在，透過呼吸系統甚至皮膚系統性進入到身體，影響心肺還有腦部功能。

至於第二個問題，之前教育部五年 500 億的時候，十年前也是第一次有審查委員詢問關於對身體危害的問題，其實很多科學的研究，PM2.5 空氣汙染對身體影響在知識的累進下，讓我們知道很難防範、越發無所不在，但輻射問題需全球一起對抗。因為我今天是中午才到，所以沒辦法聽到前面部分，不知道王明鉅副院長已經有做很多的闡釋，但是我想要提醒怎樣讓民眾了解空氣汙染、輻射危機，這其實需要再教育，教育的過程非常重要。我想

醫護人員或是公會的人應該可以再一起出來把問題解釋得更清楚，我們會把今天大家的建言帶回去跟我們董事長報告，希望能源政策能夠做得更好。

最後一點，我覺得應該要下台的是能源局局長林全，因為從修法時管碧玲問黨團協商人員 2025 可不可能做到，他們拍胸脯保證說做得到，我要求開全國能源政策會，但就是不開，她也是假的，她自己離開能源轉型會議，不願開能源政策會議。各位先進，現今有一個民間的能源會取代政府的全國能源政策會議，至少有一個好的開始，希望透過這樣的論壇討論執行，同時直播也從上午進行到下午，透過傳播讓全國關心議題的民眾了解，我覺得是非常重要的，謝謝。

馬英九董事長：

我們最後一個問題，請講。

民眾 D：

來到這個會議，我們非常關心何時重啟的事情，想請教馬前總統，我們的政府可以應變嗎？因為法國在福島核災後就有一個應變方案，今天我聽到蔡前主委跟葉教授的回答，我覺得很多石化沒有假，這是很糟糕的事情，那根據我個人從 94 年開始研究核

四的地址和核四施工的品質與設計，從這些資料顯現出來，我認
為核四重啟後台灣一定發生核災。

馬英九董事長：

首先，我要回答這位先生的高見，關於能不能保證核四不會
發生問題，憑良心說，在核四爭議的時候，我也去過核四也同時
了解，因為福島的事件，核四採取了許多預防措施，一方面修海
嘯牆，二方面也特別設計一套斷然處置方案，在場核能界都知道。
換句話說，在可能有災變情況出現的 46 分鐘之內，我們會做出決
定，斷然處置，這是當初福島做不到的。幾年前日本的經濟學家
大前研一（Kenichi Ohmae），他來台灣時特別去參觀核四，發現
核四在半山腰有一個很大的生水池。他問這個水池什麼時候建的，
員工回說建廠時就有了。大前研一說假如福島電廠有這個設施就
不會發生災難了。因為福島一發生事情時，廠區全部停電，沒辦
法用電來引水去灌救，如果我們有這個根本不需要用電，它是重
力式的，龍頭打開水就下來。這是很簡單的設計，就像我們每一
家都有水塔，不都這樣子嗎？所以我們才知道這中間真的是差很
多。

剛剛宜樺兄講到他以前是溫和的反核，我一向是溫和的擁
核。2000 年時，陳水扁總統接見了連戰主席，連戰建議他不要停

建核四，用核四來取代核一、核二。結果沒想到連戰一離開總統府，當時的張俊雄院長就宣布廢核。這一個宣布造成非常大的風暴，股市掉了大概三、四千點，然後立法院也提案解釋憲法，當時大法官解釋，若陳水扁總統要這樣做，要經過立法院同意，後來立法院沒有同意，所以核四又重新興建。這樣一折騰大概花了我們 1,800 多億，核四真的是命途多舛，多災多難。可是我經過福島事件之後有一些新想法。福島電廠有四個機組，距離地震震央 180 公里，但是在距離震央 70 公里也有一座核電廠叫女川電廠（Onagawa），女川電廠在 311 日本東北大地震發生的時候，因為整個防震設計啟動，所有的電廠就停下來了，它的廠址高程近 14 公尺，高於當時海嘯高度，所以它完全毫髮無損，不但毫髮無損，女川町的居民有 300 人到這個電廠住了一個月，把它當作避難所。講起來好像天方夜譚，但都是真的事情。在維也納的國際原子能總署特別派專案團體到那裡去看，問：「你們怎麼做到的？」

可見福島事件，大前研一告訴我們，根本就是人為的疏失，原先整個運作情況不好，然後危機處理失當。我後來去查過原能總署的網站 PRIS（Power Reactor Information System），它有針對全世界所有核能電廠的 UCF（Unit Capacity Factor，機組效能因素）做評比，就是各電廠實際發電占它預計發電的百分比。台灣六個機組全部都是 90 分，差不多就是 90%，相反地，日本都是 60、70

分。我以前覺得非常驚訝，以為日本什麼都比我們好，但我們這個真的比他們好，我們不但比他們好，我們還前五名，比美國、英國、法國、德國、大陸都好。我當時真的看了很感動，我怎麼知道呢？因為我跟宜樺 2013 年辦能源之旅的時候，到了核三廠，當時杜紫軍做簡報，我看到還說怎麼不早講呢？台電也是曖曖內含光的太謙虛了，表現這麼好、模範生啊！開什麼玩笑！有了這個之後就覺得對核能越來越有信心，這不是我們自己講自己好，是國際原子能總署（IAEA），總部在維也納。有了這個之後，我受邀到大學演講的時候，我一定在最後的階段問大家兩個問題：一個有關大陸政策，這裡不談；第二個就是問大家，認為減碳跟廢核哪一個優先？我一直問到最近一個月，19 次通通都是「減碳」優先，甚至於到了台東，距離蘭嶼這麼近的地方都是減碳優先。尤其是最近幾年，贊成廢核優先的都是個位數，減碳優先達到 80% 以上，所以年輕人看法早就變了，不是說到了最近才變的，這點我覺得非常重要。

今天我們討論到這個地方，看法慢慢比較接近，第一個大家對於再生能源覺得應該大力發展，但是不能太快，尤其是為達目的不擇手段，就會造成非常大的災難，錯誤的政策比貪汙更可怕，這個建言非常的好。第二個關於火力發電，照目前來看，往後幾十年還是主要的發電能源，我們也不能輕易地完全廢掉，用什麼

方式能夠減少空汙然後讓發電也足夠，這是將來要面對的大問題。最後講到核能本身，我看到好多人發言，希望核一、核二、核三延役，核四重啟，主要目的是做到以核養綠，核本身要跟綠並存，不是由一個取代另外一個，民進黨希望由綠能取代核能，證明是做不到的。並存，然後當我們不缺電時，全力發展綠能、減碳，我想這大概是未來比較好的政策。今天看到大家的發言，雖然不是跟這個完全一致，大致上差不多。這也是我第二次競選總統的能源政策，就是在不限電、維持合理電價，以及達成對國際社會減碳承諾的前提下穩健減核，打造綠能低碳環境，逐步邁向非核家園。環境基本法第二十三條有規定，它不是要你在哪一年哪一月裡廢核，而是說政府應制定政策逐步達成非核家園目標，這個條文還在，我們必須遵守，但它沒有時間表，所以 2030、2040、2050 都可以，但是到那個時候的電夠了，再生能源說不定儲能的技術也成熟了，也許就可以取代，但現在時候還沒到，不要輕舉妄動造成企業界的擔心。如果可以做到這點，我相信林董事長也不會再悲憤。

整體來講，我覺得今天有機會溝通真的很不容易，我剛跟宜樺說當年就是沒有這樣的環境，只好做出「封存」的決定，這個封存決定讓我挨了很多罵，包括我很尊敬的鄭崇華先生就說：「你真的害死台灣啊！」我說：「不會啦，還有機會啦。」現在這個

機會他們（現場專家）在努力，希望能夠順利讓核四重啟，這樣一來台灣的電夠，廠商才會來投資，否則我們要請台商回台灣他們也不要，像臉書（Fcebook）本來準備在彰化設資料中心（Data Center），也搬到新加坡去了，這些都是對我們非常不利的，因此我們如果能夠有這樣的共識努力推動，我相信台灣的能源還是有希望的。謝謝大家！

圓桌論壇影片

以核養綠：台灣能源新願景

2019年6月初版　　　　　　　　　　　　　　　　　　定價：新臺幣550元
2019年7月初版第二刷
有著作權・翻印必究
Printed in Taiwan.

編　　者　馬英九基金會
　　　　　長風基金會
叢書主編　陳　永　芬
校　　對　陳　佩　伶
作者　　　　　　　　　　　　　　　　封面設計　林　家　合
王明鉅、杜紫軍、李　敏、郭　位、陳立誠、梁啟源　　內文排版　綠貝殼資訊有限公司
黃宗煌、葉宗洸、趙嘉崇、廖惠珠、廖彥朋、蔡春鴻　　編輯主任　陳　逸　華

出　版　者　聯經出版事業股份有限公司　　　總編輯　胡　金　倫
地　　　址　新北市汐止區大同路一段369號1樓　總經理　陳　芝　宇
編輯部地址　新北市汐止區大同路一段369號1樓　社　長　羅　國　俊
叢書主編電話　(02)86925588轉5306　　　　　發行人　林　載　爵
台北聯經書房　台 北 市 新 生 南 路 三 段 9 4 號
電　　　話　(0 2) 2 3 6 2 0 3 0 8
台 中 分 公 司　台 中 市 北 區 崇 德 路 一 段 1 9 8 號
暨 門 市 電 話　(0 4) 2 2 3 1 2 0 2 3
台中電子信箱　e-mail：linking2@ms42.hinet.net
郵 政 劃 撥 帳 戶 第 0 1 0 0 5 5 9 - 3 號
郵 撥 電 話　(0 2) 2 3 6 2 0 3 0 8
印　刷　者　文 聯 彩 色 製 版 印 刷 有 限 公 司
總　經　銷　聯 合 發 行 股 份 有 限 公 司
發　行　所　新北市新店區寶橋路235巷6弄6號2樓
電　　　話　(0 2) 2 9 1 7 8 0 2 2

行政院新聞局出版事業登記證局版臺業字第0130號

本書如有缺頁，破損，倒裝請寄回台北聯經書房更換。　　ISBN　978-957-08-5322-3 (平裝)
聯經網址：www.linkingbooks.com.tw
電子信箱：linking@udngroup.com

國家圖書館出版品預行編目資料

以核養綠：台灣能源新願景/馬英九基金會、長風
基金會編 . 初版 . 新北市 . 聯經 . 2019年6月（民108年）.
272面 . 17×23公分
ISBN　978-957-08-5322-3（平裝）
[2019年7月初版第二刷]

1.能源經濟　2.綠色經濟　3.台灣

554.68　　　　　　　　　　　　　　　　　108007876